藝術・臺灣

假 設 性
後現代主義的虛實

陳英偉 著

藝 術 叢 刊
文史哲出版社 印行

國家圖書館出版品預行編目資料

假設性後現代主義的虛實 / 陳英偉著. -- 初版. --
臺北市：文史哲，民89
　面　；　公分.--（藝術叢刊；15）
ISBN 957-549-292-7 (平裝)

1. 美術理論　2.藝術哲學 - 批評-社會學等

901.1　　　　　　　　　　　　　　89007914

藝　術　叢　刊

假設性後現代主義的虛實

著　　者：陳　　　英　　　　偉
出　版　者：文　史　哲　出　版　社
登記證字號：行政院新聞局版臺業字五三三七號
發　行　人：彭　　　正　　　　雄
發　行　所：文　史　哲　出　版　社
印　刷　者：文　史　哲　出　版　社
　　臺北市羅斯福路一段七十二巷四號
　　郵政劃撥帳號：一六一八〇一七五
　　電話 886-2-23511028・傳眞 886-2-23965656

實價新臺幣二八〇元

中 華 民 國 八 十 九 年 六 月 初 版

 財團法人|國家文化藝術|基金會 贊助
National Culture and Arts Foundation

序

　　誠如西方眾多學者所認同：「後現代主義」的內涵與定義，並未有唯一的真理與公式規範，世人對於「後現代主義」的理解與認知，也尚在各自的「合理」解釋中而不斷地調整。然而，在現今的先進國家或區域中，後現代主義所秉持的「多元並存」與「等同尊重」之概念，確實是幫助了許多過去低視自我的民族們重新找回了自我的認同與尊重；也解決了不少文化霸權與弱勢族群之間的歧視與紛爭。

　　此次，陳英偉君透過對西方後現代主義的研究與認知，寫出「假設性後現代主義的虛實」此一專著，可能可以對台灣現今的文化藝術社會，提供值得思考的新方向；尤其是，陳君本身即是一位認真執著的台灣當代藝術創作者，一向秉持自我的繪畫創作必須反映社會、結合當代，是故，以其學理認知與文化觀察之創作經驗為背景，也剝釐出諸如對於文化藝術工作者自我的角色實踐與文化社會間的功能機制之問題。

　　在跨入兩千年的此時，台灣雖然已歷經許多的社會變遷，然而，某種族群的意識形態所驅策的無形力量，卻似乎仍舊在我們的文化藝術演進過程中，形成了成長的阻力。這或許是一種人類群居排他的基本傾向，也或許是一種文明進

1

化的必經過程。不過，這樣的現象，卻也讓吾人不禁意識到
「意識形態」在本世紀中，對於人類文明進化所扮演的角色
問題。如今，陳英偉所寫「假設性後現代主義的虛實」一
書，對於將西方後現代主義的精髓義理，轉注到台灣社會中
多種文化藝術現象的觀察與關懷，竟是如此的用心。陳君在
述及「意識形態」時，亦提到：任何的意識形態之對立與衝
突，其最後的結局，將只是兩敗俱傷而已。這也許正是目前
台灣的文化藝術界中，影響台灣主體文化藝術向上伸展的主
要阻力之一，值得人們深省。

　　簡言之，有關後現代主義的論述，在西方社會已行之有
年，而在目前美術學術加強開發的台灣社會，實需有人願意
多方研究、並且提出足以投射到台灣相關現象的貼切反省議
題。陳英偉的此一論述，或許可以提供許多當代藝術工作
者，另一種可能更爲寬廣的思考途徑與參考空間。在此，也
慶賀陳英偉君的此一著作，及時加入台灣藝壇中的生力清
流。

台北市市立美術館館長
東京大學藝術教育博士

假設性後現代主義的虛實
目錄

6

前言

　　澳洲籍當代藝評家 Robert Hughes 曾說：「我們的前人
所看到的是一些正在擴張之中的文化地平線，而我們現今所
注視的是許多日漸萎縮的那些」〈註一〉。在今日的台灣社
會中，也確實已經在許多面向上，產生了前所未有的變化。
過去一些較為保守的中原文化理論，必須經過重新的建構，
才足以應付或解釋新興的本土事物。

　　不過，縱使事實如此，人們還是會提出這樣的一個疑
問：台灣歷史果真發生了徹底的「決裂」了嗎？我們果真需
要全新的思維與理論模式嗎？我們當真活在別無選擇的「台
灣後現代」之中嗎？當然，人們之所以會提出以上類似的質
疑，那是因為在現今台灣的文化走向上，我們的確看到了許
多有別於過去的人文現象。那是一段壓抑的歷史所讓我們促
（造）成的。而在那奇異現象的背後，卻又躲藏著另一層耐人
尋味但又不可多說的「價值觀」的殖民情事。這樣的情事，
有人稱之為是台灣的「後殖民」。

　　然而，姑且不論「後殖民」「價值觀」的源起與去向是
為何？那下意識語句中的「後」（Post-）字，已經意指著終
止、斷裂、決裂與超越的語意；它清楚地挑明著排拒具有壓
制性格的「現代」風格與意識形態（ideology），甚至是直接

7

地反霸權或權威式的「現代」文化策略。因此，在某種正面的解釋上，不論是台灣「後殖民」，或是台灣「後現代」，其皆可以被視爲是對舊社會的束縛與壓迫的解放，以及迎接新思想、新發展的一種新時代之實踐。但同時的，也是無法忽略或忽視的，其不論是西方式或台灣式的「後現代」之「後」，它在某些論述中，也確實是已經顯現出了人類在部份傳統價值上的淪亡，以及種種過去穩定性、確定性的思想和行爲之倒退、甚或是消失。而這極可能也是另一場無言悲劇的即將形成。因此，就有人（譬如裘眞‧哈伯瑪斯（Jurgen Habermas））將此一悲劇，戲稱爲是「現代性的自暴自棄」。而事實上，在部份「後現代」的論述之中，其宗旨意理，不外是一種好比「深化」了的「現代」、或是一種現代性的「新」式發展而已。

是故，當我們以這樣的認知爲背景出發，來關懷台灣的文化走向、以及那闡述本土人文變遷的當代藝術創作時，我們或許可以先如此預測：新世紀的台灣政治走向，一定會形成另一股「新式」價值觀的文化流域，而這條流域的沿途走向、更會強力地駕馭著今日台灣這看似極度自主，但卻又未根深苗壯的「本土」文化與藝術的「主流」。台灣當代的文化、藝術表現，在二〇〇〇年以後，勢必進入近代中，繼一九八七年解嚴後的第二波大轉變——台灣二〇〇〇後本土（筆者暫先如此定名）。

然而，不論「台灣二〇〇〇後本土」的文化與藝術發展，會是多麼地令人期待或擔憂，它終究是地球村中，許多

後現代社會面向上的變化中之一環。所以,在回觀台灣過去半世紀與預鋪台灣新世紀後本土文化藝術的道路之前,我們無妨先多方探析一些或許是值得參考與引證的理論與事實。

　　早期的後現代論述,是屬於純西方的論述。它的活動領域可以被追溯到六〇年代遍及於西方社會的許多社會政治運動、文化反叛,以及對當時被壓制性的現代社會所提出的許多不間歇性之挑戰行為。承然,這一波質疑「現代」社會結構常規以及文化思維模式的思想運動,最終還是接近於瓦解破裂。可是,當它一旦進入了七〇年代以後,及至八〇年代開始,一些諸如新媒體和新技術(如電腦)的爆炸性革命等,都致使了當時的社會不得不面對一連串經濟轉型與文化轉型的變遷事實。

　　也因此,資本主義的重新結構、新文化的模式組成、政治面的更替交換,以及所有觸及外在空間、時間的新經驗等等,都使得人們急速地感受到了本身週遭社會文化的戲劇性轉變;也更讓許多人在瞬時間意識到了「被改變」的恐懼與不安。是故,在台灣島內,也就難免會有人們同樣地對於部份「翻譯式」的「後現代」妙方之誇大言詞或夢囈,產生了某些該有的質疑——我們是否曾經將西方「後現代」(或「現代」)礦坑中,那淘洗過後的廢土,運回島內當成黃金販賣?

　　其也確實,即使在西方社會,縱然有著許多執意走向強勢後現代理論言說之途,並且宣稱「現代」理論對於當今的社會流變已經無能為力的學者們。但我們也同樣可以清楚地看到:那些重量級的學者們,往往又會在很大的角度內,迴

9

遊於「後現代」的門框之外，而不願輕易表態。而其中例如：弗雷克・詹明信（Fredric Jameson）即引用馬克斯主義理論來剖析文化與社會在後現代之中的面貌與個性；基爾斯・德勒茲（Gilles Deleaze）和費里・瓜塔里（Felix Guattari）雖提出有關「主體性」的新模式論述與「現代」相抗衡，但又不願明白說出「後現代」論述之言；米謝・傅柯（Michel Foucault）也走避「後現代」一詞；裘眞・哈伯瑪斯（Gursen Habermas）更曾視「後現代」爲非理性，不足稱道與爲伍；尚—法蘭斯瓦・李歐塔（Jean-Francois Lyotard）則是有意無意地顯露出對「後現代」的曖昧言語；而尚・布希亞（Jean Baudrillard）則更是對「後現代」表現出了前後兩面的模稜態度……等等〈註二〉。

所以，當我們把「後現代」的一些綜合理念，拉近到台灣今日身邊的政經文化舞台上來看時，則我們似乎又可以清楚地意會到：許多潛藏在意識形態與權力對抗邊緣的歷史性「事蹟」，就已隱然不斷地出現。而這一切的「人爲歷史」，可以說根本就是四、五○年代「現代主義」中「眞理與法統」的庫存遺物。只不過，它們卻能如此毫無畏懼地在今日，挑戰了那從八○年代以降的多元並存與等同融和的「後現代」文化觀。（也因此，便有人直覺性地懷疑起：在「後現代」尚未蓋棺論定的此時，是否又已經出現了另一波所謂的「超越後現代」？）

在過去的半世紀之中，許多人們（尤其是政經學家與社會學家）相信：經濟經營的成功果實，可以改變人與人（民

族與民族）之間的意識形態對立（或世仇）。因此，在一九
九〇年之前，世界各地可謂到處充滿著金錢數據與繁榮指數
的歡樂景像——那是一幕典型「後現代」消費文化的街景之
一。然而，就在近年間，人們卻發現了：一些有關各地「區
域衝突」的新聞，卻早已明顯地取代了「經濟美景」的新聞
版面。而這之中的玄機又意謂著什麼呢？其實，有諸多的現
象與事實，似乎正已告訴著我們：在有著某些敏感文化與民
族認同問題的部份亞洲地區（尤其是在台灣海峽兩岸），其
在競相笑顏追逐繁榮的經濟甜果背後，那「雞犬相聞，老死
不相往來」的對立「意識形態」，卻依然是唯我獨尊式地聳
立在五光十色、炫目耀眼的霓虹燈背後。而這樣的現象，在
以中國大陸、美國、日本以及俄羅斯為四大臺柱的東亞舞台
上，尤其是令人擔憂。因為這四個各懷各的民族主義強權
者，其在東亞地區，就執導著錯綜複雜的合作、制衡與衝突
的多種劇本。

　　也因此，不論是在政治、經濟甚或是文化的層面上，
「歐洲戰區」在後冷戰的今日文化生活，就比「亞洲戰區」
要來得幸福多了。而究其原因，不外是：一向崇尚「民以食
為天」的生活哲學的東（南）亞地區民族，其近年間的經濟
繁榮，絕大部份是植基於「自由貿易」與「市場經濟」的兩
大柱石之上。然而，一旦此一區域的諸多「政治變改」與
「文化歸位」，趕不上「唯錢是瞻」的經濟起飛速度時，那
外來的政治勢力與文化思想的腹背式操控或侵蝕，便會迫使
得自我的文化表現，朝向「反向認同」的避風港。這是今日

11

東亞（當然包含台灣）的另一項潛藏危機；這也是另一波後殖民式的「自我侵略」。也因此，更讓人憂慮的是：在新世紀的台灣，我們所能真正耳聽、眼觀到的將會是什麼呢？或許，對於台灣此一文化與藝術的「認同」問題，身為文化藝術工作者的我們，可以再借用弗洛依德（Sigmund Freud）及詹明信的「積澱」觀念，來分析回證今日各區域的後現代思想與現象〈註三〉。而其中顯例之一便如：澳洲現今的民族主義（反殖民）是來自於大英帝國的殖民社會；而澳洲殖民社會又是與土著的原始部落有關。所以從人類學的角度來分析澳洲今日後現代的藝術表現，則很清楚地，那昔日部落在某種歷史環境中所產生的宗教信仰與價值認知，在今日環境丕變的時代裡，卻仍然是足以美麗地存在著；亦或是，只是緩慢地轉變，但卻也仍是深刻地在當代的人文活動之中，強烈地顯現出了其「積澱」後的當代澳洲人文風貌。而這種在生活中所存在的「文化差異」，雖然並不是很清楚地為各階層的人們所完全知悉與感受，但是它卻明白地證明了過去各種文化、信仰與價值生產方式的遺跡，確實是以同心圓的方式積澱在每個不同的社會、民族裡面。所以，台灣今日的「後現代」文化表徵與藝術創作，自然也是（必須）與自身的「積澱」有關，而決非（也不可能）是等同於「他者」的後現代。

　　根據勃納爾・彌也殊（Bernard Miege）在「文化生產」的影響領域論述當中所述：文學家與藝術家的作品，其從文化孕思到成品展現，再從成品展現轉到發行銷售（對他人產

生影響），都是經過了「製作人」的介入。而這種介入是企圖把獨特文化的「值」，轉換成一般群眾市場的價碼產品〈註四〉。但也是由於這個現實的事實，才有當代藝術家堅持自己創作的自主性。只不過，在某些區域歷史與文化的隱性束縛領地中，那「自主性」，其實仍然只是個自我欺騙的虛設幌子。而在今日的台灣，其事實或現象會是甚麼？躲在我們那文化意識背後的所謂「製作人」又是什麼呢？「台灣二〇〇〇後本土」的當代藝術，如何才能真正擁有自己在「歷史積澱」後的創作自主性？筆者個人即深思著此一問題的可能發展，並且，以台灣今日之前的「歷史積澱」現象為基礎，做為自我藝術創作與社會關懷的前哨站，並提出一系列權充為自我藝術意念與當代觀者之間的可能媒介作品，以解析一些台灣現今的人文意識與文化取向的轉變問題——特別是價值觀的信仰落點所在。換言之，即是藉用了後現代主義的藝術創作理論，以執行一椿尋求出台灣歷史積澱下的人文圖像之工作。而就在此一創作過程中，筆者同時將個人所研究、認知的後現代理論思想加以研考整編、集結成此一文字論述。最後，期待這樣的粗淺拙著，能有機會和國內藝文界的同好們相互交流、學習。也盼望此一雜亂論述，對新世紀台灣文化藝術的發展，能有所棉薄的助益或引示。

在此付梓之前，特別感謝過去教導我及鼓勵我的家人以及所有海內外師長及友人，也請求藝文界先進、同儕能不吝提出指正，以期讓此篇論述更臻精準適確。

2000. 5. 20

13

附註

註一：The Shock of the New, 1992, Thames & Hudson, London, p. 425．

註二：S. Best & D. Kellner (ed.), Postmodern Theory: Critical Interrogation, Guilford, US, 1991, pp.31,33.

註三：關於 Sigmund Freud 著名的「積澱」觀念，可以參閱〈後現代主義與文化理論〉，F. Jameson，唐小兵譯，當代出版，一九九四，p.29,30.

註四：Bernard Miege, The Capitalization of Cultural Production (International General, 1989), pp.28,29,30.

14

導　論
藝術・台灣・後現代

一、思維・重現・非顛覆
二、反省・理性・批判
三、預設・眞實・預釋

16

導論
藝術‧台灣‧後現代

一、思維‧重現‧非顛覆

「後現代主義」一詞，其眞意到底爲何？它對於今日的我們，又有何種影響？尤其是在當代的藝術創作層面上來談，或是在今日的消費文化中來看時，藝術家們該如何地自處或面對？亦或是該如何地來操作自我的藝術模式呢？甚或是當探及到「後現代」在台灣本島上的相關發生情事時，那「現象」背後的「事實」是什麼呢？

根據約翰‧哈特利（John Hartlery）在「溝通與文化探討的主要觀念」一書中所言，「後現代主義」，是一項圍繞在各種智力文化發展，尤其是在七〇與八〇年代的藝術與流行產業之中的一種文化主義；並且，在後現代主義的思考性格上，它是絕對拒絕早先風行的所謂「總體性」與「本質論」的理論系統的——特別是傳統馬克斯主義。而就在拒絕以上傳統理念的同時，「後現代主義」，更是主張一切行爲理論或是創作學說，必須參照事實、依據科學以及相信經驗。或是可以再進一步言，「後現代主義」，是注重「思維方法」與「重現事實」——尤其是強調在一些垂手可得的片斷、支

17

離或是不相稱的景物與時代資訊之間〈註一〉。

　　此外，過去人們誤以爲「後現代」是朝著攻擊「現代」而生的，或是誤解「後現代」是在「改良」「現代」的思想而來⋯⋯等。諸如此類有關將後現代與現代做兩極分化的觀點，都是有待彌補重解與調整更適的。因爲，就如羅莎琳・卡素（Rosalind Krauss）和道格拉斯・庫寧（Douglas Crimp）所明言，「後現代主義」並非徹頭徹尾、一心一意地想去「顚覆」現代主義，後現代主義只不過是在一些文化思考上，選擇了不同的理論解釋與價值認同，特別是「在美學的價值觀點上，與現代主義斷交」〈註二〉而已。

　　承然，人們明顯地看到了，在近幾年間，遍及於地球村的各個文化角落中，許多有關後現代與現代的對話拆解，正不斷地困擾著各方的自我思想秉持。有許多人直言「後現代」那種對於傳統思想的挑釁，簡直就是一種攪局胡鬧、亂無章法的「理論」。因爲，就從過去一向嚴肅不苟的傳統學理觀點來看，「後現代」所言，盡是一堆「不能登大雅之堂」的雜碎（片斷）文本。然而，值得人們留意的是，這些所謂「廢話」，其之所以會令傳統現代文化的衛道人士在意，正是因爲在那些被視爲「廢話」的文本裡頭，確實存在著極多比他們本身的嚴肅主義還更爲嚴肅的議題。

　　是故，一椿弔詭而又帶著幾許平舖直敍的問題便浮上了檯面：現代主義批判後現代主義的「非理性」，因爲後現代主義不斷地質疑理性；可是，現代主義非但無法指出自我的「絕對理性」何在，更無能斷出後現代的「非理性」爲何。

18

也因此，後現代主義者的理論學說，也就順理成章地在新舊
世紀交替的今日依然存在。當然，若除此以外，再探究其他
原因，則乃因爲後現代主義者，其在建構自我「時代性」言
論的同時，非但沒有去反擊現代、而更反將是欣然接受了現
代主義傳統衛道者，所強扣而來的「質疑理性」的高帽子。
而此刻，後現代主義在今日之所以還不斷地爲人們所津津樂
道，以及願意與之同行的理由，便是由此而生的諸如「解
構」、「再造」、「複合」、「並存」、「挪用」……等等
的「非傳統理性美學」主義。而後現代的這般文化發展，正
恰有些酷似於當初「野獸派」在巴黎的有趣軼事一般。

二、反省・理性・批判

就人們所知，在一九八一年至一九八四年之間，後現代
主義成爲了當代理論中，絕對不可或缺的一種文化觀念。而
最終將「後現代主義」及「後現代化之事」，納入文藝理論
版圖的，即是裘眞・哈伯瑪斯（Jurgen Habermas）、尙—法蘭
斯瓦・李歐塔（Jean-Francois Lyotard）、弗雷克・詹明信
（Fredric Jameson）、尙・布希亞（Jean Baudrillard）、以及理
查・羅提（Richard Rorty）等人〈註三〉。然而，在此又有兩
個不算新鮮的問題：「什麼是後現代？」以及「爲什麼會有
後現代？」卻延至今日仍然一直因爲後面那一個問題的遲遲
無法被定論，以致前一個問題也就跟著無法被明朗地體察。
不過，前述將「後現代主義」納入當代文藝理論學說的哈伯
瑪斯，其在爲回應李歐塔的「後現代情景」時，確曾提出了

「現代性 —— 一種未竟之志」來加以對峙。

　　然則，對於誓志於批判理論的哈伯瑪斯來說，在當代諸論中，根本未有所謂「後現代」的煩惱在困擾著他。現今風起雲湧、滾滾而來的對「後現代」的百般探討，其實，在那深層的實質面上，就是一種現代化的自我反省而已——而這也是早在本世紀之初，就已經被熱烈地討論過了。當然，人們若要再深究何以在今日的「後現代」裡，仍舊存有與「現代」纏綿不清的「理性」析辯，那可能就是因爲早先西方的啓蒙運動中，對於「自然科學」的諸般期待之夢，當被應用到這個實質而又現實的人文世界時，它便遭遇到了許多無法穿越的瓶頸，也因此，便從而對「理性」做了深入的反省。而這種反省批判，在今日人們看來，就恰似馬克斯對黑格爾的批判一般——是屬於一種重疊在現代性原意裡的論述，也更是一種「後現代」的可能批判。

三、預設・眞實・預釋

　　其實，當在論及一種不可或缺的有關「理性」問題時，後現代「現代性」主義傾向於認同對於理論的批判，仍舊離不開「人」或「理性」的預設，若要充分發揮理性批判的意義，就必須徹底離開理性的「預設」來批判。而後現代的藝術創作，便恰是如此，因爲，藝術創作就彷如是哲學的推理一般——我們可以將此印證在現象學的權威之一愛德蒙・胡塞爾（Edmund Husserl）的信仰中來看，胡氏即曾在其現象學的論述中，要求「哲學」是一門無預設的嚴格科學（Philos-

ophy as Rigorous Science)，並且，對此提出了「所有原則的
原則」（The Principle of all Principles）來不斷地進行「現象學
還原（Phenomenological Reduction），以達到其對於「要理出
條理，就必須捨棄預設條理」的終極概念（藝術家的創作途
徑亦似如此）。

　　是故，概觀後現代的理論學說，當人們將之迴映到藝術
家的創作現實面來看時，特別是在今日的台灣島上，身爲當
代的台灣藝術工作者，人們的思維腹地與創作路線，似乎有
絕對的必要比我們社會大衆的步伐，再早踏一步、或是至
少，緊跟隨於社會文化的變遷之後。後現代藝術家的創作理
念與手法，不論是個人的何種信仰與趨向，它的功能，都隨
時負載了「表達多數民衆認可的文化道德標準」，或是更有
甚者，台灣當代的「後現代」藝術工作者，更必須體認到自
己的藝術行爲與文化說詞，其功效有時也能（會）反過來推
展或鞏固我們社會中，早已存在的期待和共識——即便它是
具有某種激進性格或色彩的另類期待和共識。身爲藝術工作
者，吾人必須勇於承認，自己擁有主導社會變遷的可能能力
與可能使命；身爲藝術工作者，吾人也更必須虛心面對，那
種種文化的事實變遷與社會的關係對置，畢竟，事實背後的
現象，就可能是一種真實的預釋（非預設）。

　　「後現代」，未必就是一種至高無上的「領導理論」，
但是，「後現代」，卻至少告訴了我們：「複合文化」與
「多方共存」是不違反人性道德的，甚或是，它根本可能就
是造物者所下的最自然人文主義（Humanism）。更或甚者，

21

它完全就是「價值觀」的多元理解與摒除對立「意識形態」的多元認同。在新世紀初的今天，人們不能再以傳統的認知方式去面對一切的未知；人們對於藝術文化的認識與實踐，都必須先還原到吾人自身的生活周遭，這樣方有可能去實現一種大我客觀中的小我主觀理念。身為從事文化藝術工作的一員，不論是慣以「現代」對哲學思辯的不斷反省，或是喜好以「後現代」對現實經驗的持續解構批判，它們都必須是堅守在一種不以「個人」為主體本位的人文科學範疇中，去體現自我的一切信仰與移情。

而以上的「後現代」文化觀，假若吾人將之縮小角度，並且直接投射在最當代的台灣文化藝術面時，則吾人可能會發現，人們對於台灣藝術的性格展現與身份重建，應是抱以一種絕對的樂觀期待與審慎共進——特別是對於「台灣藝術」的「身份重建」，尤其令人心繫。

附註

註一：Key Concepts in Communication and Cultural Studies, T. O'sullivan, J. Hartley, D. Saunders, M. Montgomery, J. Fiske (ed.), Routledge, London, 1994, p.234.

註二：參閱陳英偉，「假設性後現代主義的虛實——當代藝術家可能的創作原則」，藝術家第二四〇期，頁三五二。

註三：The Idea of the Postmodern——a History, Hans Bertens, Routledge, London, 1995, p.111.

第一章
溯探後現代主義的源起與流向

一、有關「後現代」用語
　　的源流

二、「後現代」在法國的
　　現形與在美國的胚生

三、「後現代」的分歧流
　　域

24

第一章
溯探後現代主義的源起與流向

　　「後現代主義」是一個廣闊無邊的主義論述。在西方目前已出現的文字著作中，我們依然很難見到有不同的學者，針對著同一面向的後現代主義問題，做很完整的歸納探討。也就是說，類似有關「現代主義」的著作中所出現對現代主義存有共通認同的論述現象，在後現代主義言說中，卻仍尚未出現。目前我們所能見到的有關後現代主義的論述，其也都酷似不同的槍手瞄準著不同的靶心，而各自射擊一般。其百步穿楊之功雖唬唬震攝人心，但有時卻也難免會困於散漫作戰，而難以讓人一窺其重兵之地。不過，其中也仍似存有部份的共同傾向之處：多數的學者會先從過去的馬克斯主義（Marxism）、資本主義（Capitalism）……等下手，然後再從科學、心理學、社會學、人類學、精神分析學……等之中，進行借提引證分析。之後，再往下延伸至當代現實。因此，現代主義、以及現代主義之前的理論言說，便經常性地被引用辯證。其中例如：愛因斯坦、達爾文、盧騷、弗洛依德、尼采（Friedrich Nietzsche）……等人的思想理論，往往都成了後現代主義論述舞台上的一員要角。

25

一、有關「後現代」用語的源流

被普遍認同爲對後現代理論有重要及深遠影響的法國思想家米謝・傅柯（Michel Foucault），可以說是一位典型既複雜多面、又不墨守成規的後現代主義者之一。雖然傅氏經常對「後現代」一詞有意無意地左右搖擺，也不曾認眞地使用過「後現代論述」之語，但是他的言論構述所及，卻都已涵蓋了深刻影響著後現代思想發展泉源的哲學、社會學、心理學、文化人類學，甚至深及馬克斯的經濟與政治問題等。

在傅柯的學說裡，他和尼釆都同樣地跳離了「相對主義者」所認爲：所有的價值類型都是「一樣地好」、「一樣地有道理」的藩籬。不過，傅氏又更進一步地否定了現象學（phenomenology）的主體論，以及傳統歷史觀的哲學思辯。因爲他並不完全相信所有的觀點都將具有同樣的效果。因此，傅柯便曾於《事物的秩序》中強調：「論述」是一樁如此複雜又嚴肅的現實。也因而，人們更應該（也確實可以做到）立足於不同層次的面向上，用不同的方法與觀點去研析它〈註一〉。也因此之故，在我們的生活中，可以說是根本不存在有一種單一理論（酷似於後來 Douglas Kellner 之「惟一」說）或是詮釋方法，足以完全掌握所有建構今日社會的多元制度、權力與論述的形態〈註二〉。

鑑此之故，本論述在往下探析有關「後現代」的文字中，也將儘量遠離任何單一獨立的分析架構，以避免滑入難以自覺的泥淖之中。

26

　　根據狄克・海根斯（Dick Higgins）在其《世紀性的辯證法》一書中所記述，英國畫家約翰瓦金斯・雀門（John Watkins Chapman）早在一八七〇年就曾提出「後現代」繪畫（Postmoderm Painting）一詞，以表達他個人所認為比法國印象派更加前衛、現代的繪畫手法〈註三〉。晚後，魯杜・潘諾滋（Rudolf Pannowitz）於其所著《歐洲文化的危機》（一九一七）一書中，也曾以「後現代」（Postmodern）一詞描繪當時歐洲社會文化中的虛無主義和價值崩潰現象〈註四〉。除此之外，英國史學家阿諾・托因比（Arnold Toynbee）和桑門梅爾（D. C. Somervell）則共同認為「後現代」乃始於一八七五年，它的勢力範圍應該從繼之黑暗時期（675－1075）、中古時期（1075－1475）、現代時期（1475－1875）之後的第四階段時期開始〈註五〉。假如以上這種說法能夠成立，並且被普遍認同，則今日諸多論述後現代的理論言說。就應該被追溯到一八七五年阿諾・托因比所謂的「後－現代」（Post-modern）的過渡期〈註六〉。

　　再依據邁可・科羅（Michael Kohler, 1977）及伊伯・哈珊（Ihab Hassan, 1985）而論，「後現代主義」一詞乃一九三〇年代為費蝶蕾科・德・歐尼斯（Federico de Onis）所最先使用於藉此指出一種對於現代主義的次要性之反作用；而及至六〇年代以後，「後現代主義」此一用語，便成為紐約諸多藝術家們（諸如：Rauschenberg, Cage, Burroughs, Fielder, Sontag, Barthelme 等人）依據為一種超越「耗盡」（exhausted）式「高等現代主義」運動的普遍術語〈註七〉。此

與弗雷克‧傑門森（Fredric Jameson）所認為「後現代主義」一詞是大約在六〇年代中期正式被啓用，並經常出現在有關建築的特定領域裡之說法，又有極為相關之處。

　除了以上各家說法之外，史蒂芬‧貝斯特（Steven Best），與道格拉斯‧凱諾（Douglas Kellner）又言：「後現代」一詞乃為一九四〇、五〇年代間，被部份學者用來描繪有關詩或建築的形式；之後到了一九六〇、七〇年代以降，「後現代」才擠身進入了文化的領地，而成為與「現代」論述相對立的學說。但是，有關藝術界中的後現代論述，則要到了七〇、八〇年代才開始大力放送〈註八〉。

二、「後現代」在法國的現形與在美國的胚生

　從發展的角度上看，史蒂芬‧貝斯特認為有關後現代文化形成的討論，雖然最初是起源於北美地區，但是在歐洲法國境內，從尚‧布希亞（Jean Baudrillard）與尚－法蘭斯瓦‧李歐塔（Jean-Francois Lyotard）所發展出來的新式後現代的概念，卻遠較於早期美國、英國學者們所創立的學說，還要來得更有綜觀性與尖銳性。因為在法國的「理性主義」，過去雖然主要是從笛卡兒（Ren's Descartes）的思想紮根，然後一路辛苦地發展於法國的啓蒙運動，但是法國後現代理論在開展後不久，即構成了與那原先盤踞主流地位的理性主義傳統相決裂〈註九〉。因此，貝氏與道格拉斯‧凱諾皆認為在一九八〇年代以後，有關後現代的論述雖然在世界各地急速流竄，但是其中許多重要的發展，卻是蟄伏於法國境內進

行的。

　　事實上，法國後現代理論的緣起，可以說主要是深受其本身在二次大戰後的快速發展與變遷所致。法國在一九五〇、六〇年代曾經發展了極度令人振奮的哲學理論與社會理論。再加上一九六〇年代末期（一九六八・五月）的五月風暴，又致使眾多工人與學生的反叛活動一度癱瘓了整個法國社會。一直到了此一風暴所挾持而來的政治希望破滅以後，人們才逐漸主張與過去歷史斷裂，而重新開啓新的時代。這個重大變化也就是約翰・阿達荷（John Ardagh）所描述的：法國從五〇年代初期到七〇年代中葉之間，經歷了一波令人震驚的更新轉化。原來極度枯萎的經濟活動，變成了全世界最具活力與成功的新經濟體系之一；原先以農業為基石的社會結構，也搭上了物質現代化的列車，轉而成為一個以工業、都市為主要成員的新社會。不過，在那經濟繁榮的背後，卻扯出了人們在新、舊習慣與模式之間的衝突。從此，一向懷舊的法國人，便開始領悟到了新社會中，既期待、又怕受傷害的矛盾感受〈註十〉。

　　在法國的社會、經濟結構迅速轉變之後，學術界也掀起了很大的改變。原先主導法國知識界的馬克斯主義、存在主義（Existentialism）、現象學，以及統籌眾家學說的綜合性理論，可以說是在二次大戰之後就一直居於領導的地位。但是這種情況到了六〇年代以後就逐漸轉變了，昔日的主流學說日復一日地被屬於「語言學」傾向的「結構主義」（Structuralism）與「精神分析」（Psychoanalysis）之論述所取代。

29

而在那其中的幾道主要戰力有傑魁斯・拉岡（Jacques Lacan）的「結構精神分析」與路易斯・阿圖塞（Louis Althusser）的「結構馬克斯主義」，以及庫德・李維史陀（Claude Levi-Strauss）的神話、親屬及人類學現象的語言分析⋯⋯等〈註十一〉。結構主義與精神分析理論在當時提出了諸如語言、理論、社會以及主體性等新式的概念〈註十二〉。

至於在美國本土，一九五〇年代起，一些關於後現代的社會學之概念，亦即已在各種學術領域中開始出現。其中例如：勃納・羅森勃格（Bernard Rosenberg）之《大衆文化》（Mass Culture，1957）；彼得・卓克（Peter Drucker）之《明日的陸標——新後現代世界的報告》（The Landmarks of Tomorrow：A Report on the New Post-Modern World, 1957）⋯⋯等，其都已分別指涉出了人們已經進入了一個嶄新的時代。只是，在這個時代中，科學的理性反而可能成爲人們一種恐懼的來源；或是人們可能會過度樂觀地想像一種烏托邦的神境——「貧窮」會伴隨著「國家」隱退消失，「意識形態」也不復存在，人們生活的世界即將步入更爲愉悅美麗的無政府現代化⋯⋯。

美國在五〇年代後的轉化現象與流變，在很大的程度上，或許就極爲接近弗雷克・傑門森所認爲的：後現代主義的出現是和資本主義的前後兩個階段（現實主義和現代主義）息息相關而又無法割離的。因爲很明顯地，在現實主義、現代主義以及後現代主義之中，其都已分別或深或淺地反映了某種新式的心理結構。換言之，也就是都已標示著

「人」本身性質的一次改變。然而,這三種不同的階段時期,又都只是資本主義社會中的不同特定歷史段落而已〈註十三〉。

　　再從另外的角度上看,一九五〇年代初,當全美國正飽受著白色恐怖主義的威脅與困擾之時,在文藝界中一股旺盛的昔日社會寫實主義(約一九三〇~四〇),已經慢慢地轉變爲宣示與共產主義無關的「抽象表現主義」(約一九四〇~六〇)。漢斯‧霍夫曼(Hans Hofmann 1880-1966)在接受威廉‧德‧庫寧(Willem de Kooning, 1904-1994)的一次訪問紀錄中(Hans Hofmann Paints A Picture)就曾指出新藝術創作的唯一教條(rules),就是「自由風格」、「畫畫無常規」(no rules for making of a picture)〈註十四〉。不過,話又說回來,假如人們嘗試以今日更宏觀的場域來看,霍氏在一九五〇年所謂的「沒有教條」(no rules)的「教條」。事實上,正是其極力主張的創作原則。換句話說,從這個層面上推演,霍氏的理論和早期後現代主義的「去中心」(de-centering)論述類似。只不過,「去中心」在往後的「總體論」戰中,已顯現出了其「非主體」的主體性格。

　　在另一方面,七〇年代、八〇年代時期中,相對主義、懷疑主義,甚或是虛無主義的人心情結,似乎要比五〇、六〇年代時來得強烈許多。因此,許多年輕的後現代主義者(此非指主義擁抱者,而是指屬後現代主義精神傾向者)就更易於被上述情緒化的理論所吸引。在當時蔚爲一時風潮的龐克音樂,以及次文化的另類論述便是顯例。在如此的因緣

31

際會之下，那些鍾情於對理性提出懷疑態度的後現代論述，即適時地迎合、收編了當時被「次元文化」所培育出來的年青一代。除此之外，後現代主義也在同時間「照顧」到了一群在當時學術領域裡的邊緣局外者；並屢屢爲他們聲援、解圍。如此，日後這兩股對「後現代」主義回饋反芻的力量，也就在無形中，創造出了更爲有利於後現代論述在日後得以衝鋒陷陣的堅固文化堡壘與理論基礎。

三、「後現代」的分歧流域

就從時間上的源流來說，有關「後現代」的定義與言說之爭論，並非晚至八〇年代以後才展開（不過，在八〇年代以後確實是豐富了更多有關於「藝術」方面的後現代辯證）。早在一九七〇年代前後，即有許多西方學者在對於有關後現代主義文化、社會的論述提出相異的看法。其中較正面表態支持「後現代」的時代意義與立場的有亞米泰·依昔昂（Amitai Etzioni）、伊伯·哈珊、蘇珍·頌塔（Susan Sontag）、李斯利·菲德（Leslie Fiedler）、米謝·傅利以及路易斯·阿圖塞……等人。

而相較的，經常提出有關後現代主義文化逆向思維的則有丹尼爾·貝爾（Deniel Bell），尚·布希亞、阿諾·托因比、哈利·李文（Harry Levin）、依門·何（Irving Howe）、漢斯·哈克（Hans Haccke）、喬治·史帝諾（George Steiner）……等人。在很大的理論空間內，諸多反向觀解後現代的論述言說，是極明顯地反應了對現代社會之

歷史軌跡的悲觀情緒。早年從事女性雜誌美術總編輯工作，且極負盛名的芭芭拉‧庫格（Barbara Kruger），在一九七〇年代末、八〇年代初時，亦加入了反後現代思潮的行列。她在當時曾運用一種透過統合單色照片影像，以及簡短宣言式的宣告文字之手法，而創作了系列性暗示社會中存在壓迫或偽善傾向的作品。庫氏之意，似乎是企圖用明顯的表態方式來反制當時「後現代主義」中的「主流」意識形態（ideology）與再現符碼（represented code）〈註十五〉。

　　在一九八〇年代以前，結構主義、解構主義（Deconstructuralism）以及後結構主義（Post-structuralism）在歐陸法國本土激戰了數十年之後，其後期已明顯地滲透到了文學、哲學、社會學、經濟學，甚至政治學當中的論述。並且已昭然攤開了對世界性後現代主義各面向的決定性影響。但是值得注意的是：一九八〇年代仍是一個由保守勢力統治的時代。在美國、英國，以及許多歐洲地區裡，有許多成長於六〇年代正當「後現代」主義抬頭時期的年青一代們，在歷史步入了八〇年代以後，他們便自然地整理出了與昔日習慣不同的許多文化經驗；並且藉此與傳統保守的主流霸權相抗衡。因此，就在那雙向對峙的拉鋸之間，便產生了一股新興的潮流。而這股新潮流就挑明著是強力宣揚「反制既得勢力」的思想和行動。

　　在這類似的問題上，史蒂芬‧貝斯特和道格拉斯‧凱諾也曾同樣指出：一九七〇年代後、八〇年代起，後現代的理論已經不再拘束於法國本土，它已全力衝向了地球的每一個

角落……德國的福列雀克‧尼采（Friedrich Nietzsche）、海德格、美國的威廉‧詹姆斯（William James）、約翰‧杜威（John Dewey）、英國的阿諾‧托因比、傑福瑞‧巴克勞（Geoffrey Barraclough）、北美洲的彼得‧卓克、萊特‧米爾斯（C. Wright Mills）、亞米泰‧依昔昂（Amitai Etzioni）、丹尼爾‧貝爾、〔澳洲的羅勃‧休斯（Robert Hughes）、約翰‧道格（John Docker）〕……等人，都早已提出了許多在哲學、社會學與歷史上的「決裂」概念。尤其是在美國、英國、澳洲和加拿大等幾個主要的英語系國家，其對後現代主義的有關論戰，更是早已響徹雲霄、烽火遍地〈註十六〉。

不過大體上來說，後現代論述到了八〇年代以後已是明顯地分為兩道觀感相左的流域。其一是對新文化發展感到悲觀的保守主義；另一則是對新文化持以極度肯定的前衛主義。然而，儘管他們對「文化」的變遷之所思、所見各有差異，但是在很大的程度上，他們是共同投入了與現代主義、理論相決裂的世紀論戰裡。這個論戰，也儼然成了當代思想、行為上的大宗之一。而其所衍生與變化之廣、之大，更可謂是百花爭豔、前所未有。只是，在此吾人必須謹慎注意一點：後現代主義論述在進入八〇年代之前，其有很大的部份是集中於社會論述方面的，例如：彼得‧卓克、亞米泰‧依昔昂、菲德瑞克‧菲爾（Frederick Ferre）……等之論，但由於其偏向於延續「現代」思考模式的走向，以及服膺理性、統一、總體性的目標，因此，在晚後即遭受到了較後期

後現代理論的質疑批判與推翻。而相較的，屬於文化論述方面的，例如蘇珍・頌塔、李斯利・菲德（Leslie Fiedler）、伊伯・哈珊，則由於認同「別者性」（otherness）、差異（difference）與愉悅（pleasure）……等觀點〈註十七〉，因此在承先啓後的接續路途上，便更能駕輕就熟地發揮了攻擊「理性」與「詮釋」的旺盛火力。

　　假若從這些歷史的軌跡往上探溯，則似乎不難理解：「後現代」的論述言說，其中很大的一部份，擺明就是在對所謂「正統」、「主流」之類既得勢力的反抗與拒斥；並且企圖搜尋著屬於每個獨立個人之間，某種不相互衝突的共存出路。然而，這個四處開闢戰場的「後現代主義」論戰，在更晚的近年間，更是基於某些自身不同的地域條件與文化企圖所左右，已經在今日國際間完成了另一次的重新洗牌與整合、而約略地走向了三大流域。其一是：死忠擁抱與闡揚；其二是：誓死抵抗與藐視；其三則是：有如身屬天秤星座的性情中人一般，爲了尋求繼續演繹、發展新式的理論，而折衷、策略性地綜合了現代與後現代的兩端立場，以便能愉快地悠遊於衆家的烽火邊緣。

　　當歷史跨入了九〇年代以後，隨著蘇聯共產主義的瓦解，許多西方的政治評論家都陸續地提出了馬克斯主義已經死亡的宣告。而同時地，另一群後現代的思想家們則是明示了各種現代理論的停歇，以及其對於後現代理論的更新需求。其中有部份學者更是大膽地指出：人類已經面臨了歷史的盡頭。但也有一些學者則是較爲平緩地表明：人類此刻確

實是居於一個前所未有的新階段；已逝的諸多理論價值觀、世界秩序等，都已經不合實際，也無法再克盡維持人類和平共存的責任與義務；因此，今日我們所迫切需要的是重新釀造新的理論精神與思想行為，以應付、處理目前日新月異又令人驚奇難安的種種當代現象（此概念與現今台灣在新世紀的定位面向上所觸及的問題，有著極為相似之處）。

附註

註一：Michel Foucault, The Order of Things, Vintage Books, New York, 1973, P. xiv.

註二：傅柯的此一看法和尼采所認為對這個世界的任何現象存有越多的觀點，則不同的知識與詮釋也就會越豐富、越深入之觀感，似乎有異曲同工之妙。Steven Best & Douglas Kellner, Postmodern Theory：Critical Interrogations, Guilford, us, 1991, p.40.

註三：Dick Higgins, A Dialectic of Centuries, Printed Edition, New York, 1978, p.7.

註四：Wolfgang Welsch, Unsere Postmodern Modern, VCH, Weinheim, 1988, pp.12, 13.

註五：D.C. Somervell (ed.), A Study of History, Oxford U. Press, New York, 1947, p.39.此與傅柯所區分之兩個後文藝復興時期之系統有所不同——古典時期（1600 - 1800）；現代時期（1800 - 1950）, Michel Foucault, Foucault Live, Semiotext (e), New York, 1989, p.30.

註六：托因比認為後現代時期是一個與現代時期之社會穩定、進步的理性主義相對立的。易言之，後現代就是理性主義和啟蒙精神崩潰、瓦解的動亂年代；亦即是無政府、充滿戰爭、社會騷動與革命的相對主義時期。Steven Best & Douglas Kellner, p.6.

註七：Mike Featherstone, Consumer Culture & Postmodernism, SAGE,

London, 1991, p.7.

註八：S. Best & D. Kellner, pp.9-11.

註九：S. Best & D. Kellner, p.16.

註十：John Ardagh, France in the 1980s, Penguin, New York, 1982, p.13.

註十一：Vincent Descombes, Modern French Philosophy, Cambridge U., UK, 1980；Manfred Frank, What is Neo-Structuralism？, U of Minnesota, USA, 1989；S. Best & D. Kellner, pp.18,19.

註十二：T. O'sullivan, J. Hartley, D. Saunders, M. Montgomery, J. Fiske (ed.), Key Concepts in Communication and Cultural Studies, Routledge, London, 1994, pp.249, 250, 303.

註十三：Fredric Jameson, The Deconstruction of Expression, "Art in Theory 1900-1990", Charles Harrison & Paul Wood (ed.), Blackwell, UK, 1993, pp.1074-80.

註十四：Artnews, Febuary, 1950, p.39，彼時正逢「美國當代繪畫」回顧展於惠特尼美術館展出之際。

註十五：Charles Harrison & Paul Wood (ed.), p.1070., S. Best & D. Kellner (ed.), pp.12-15.

註十六：S.Best & D. Kellner (ed.), p.28.

註十七：T. O'sullivan, J. Hartley, D. Saunders, M. Montgomery, J. Fiske (ed.), pp.89-91, 229, 230, S. Best & D. Kellner, pp.8-15.

第二章

「超越後現代」？

第二章
「超越後現代」？

　　當西方一些學者在對有關「後現代」的論題，進行臨床的解剖探析時，他們下手的方法都不盡相同；有時連切入的層面也完全互異。這主要是因為「後現代」一詞，其本身實在是牽扯太廣了，她根本難以讓人為她釐定一套完整無暇而又放諸四海皆準的「後現代主義」理論。

　　然而，就在各地普遍探解「後現代」十數年甚或數十年之後，今日，在西方的藝術理論界裡，似乎又出現了另一種關於「後現代」的不同思考模式，那就是：超越後現代（beyond Post-modern）。只是，「後現代」到底是「什麼」呢？如果人們不能清晰地知道她是「什麼」，那麼，人們又如何去「超越」呢？

　　到了新世紀的今天，當「超越後現代」（Beyond Post-modern）的言說，又即可能將成為另一波世界性的廣泛爭論時，那一椿「後現代主義」，到底是意指著什麼內容或涵意呢？很明顯地，這卻仍然是一個不容易回答的問題。在漢斯・勃騰氏（Hans Bertens，荷蘭 Utrecht 大學美國研究中心負責人）所著「後現代主義的理念」一書開頭中，就曾經這樣地闡述過：

41

　　它（後現代主義），是源起於一種謙遜的文藝批評開始。而這種批評，事實上是最初從一九五○年代開始而延伸到一九八○年代全球性的觀念化行為；並且，它在不同的時間段落，對不同的人們而言，會意指著不同的事或物〈註一〉。

　　以上的說法，的確是值得我們深思。「後現代」，並不是一種強權的革命主張，也不是當代文化或藝術的執政特權，它更不會是一位無懈可擊的當代「模範生」（模範生，應是現代主義的形式產物，在後現代的今天，並不存有所謂的「模範生」）。並且，它也絕對不是西方的局部專屬。因為，就承如在「後現代主義的理念」一書中所載明的：它，面對著不同的人、時、地、物時，即有不同的涵蓋意指——這是由於定義的範圍，本就是取決於前置條件的基礎。所以，「後現代主義」，更是一種全球性的「本土」觀念運動；它更絕對不是局部的文化隔離或文化歧視政策——反本土或反國際。

　　因此，當人們在憶測到所謂「超越後現代」的可能風潮，是否就是另一波世界性的所謂新本土主義的來臨時？

一、現代與後現代的「現實」與「表達」問題

　　當吾人翻閱一些刻正急速衍生、有關探討「後現代」的西方論述著作時，其有必要先自我告戒一番：「後現代」，完全不若「現代」般地有一幢特定或固定的主體或身影，可以供人瞻仰、憑弔或攻伐、批判。因為，事實告訴我們：有太多的學者在大談「後現代」的種種豐功偉業之同時，卻也

都仍然不免要有意或無意地質疑「後現代」戰績在今日歷史
定位上的眞實性或準確性，而其中例如：侯‧弗斯特（Hal
Foster）、道格拉斯‧凱諾（Douglas Kellner）、約翰‧道格
（John Docker）、史蒂芬‧貝斯特（Steven Best）和伊伯‧哈
珊（Ihab Hassan）……等人便是。

　　是故，可以有這麼一說：當人們意識到了自己已經「重
新」站回到關懷「新人本」（廣義的「我」）的當下「和平」
「現實」時，他可能是已經從「後現代」的後門溜出去了，
然後伸手去敲了「超越後現代」的那扇窄蓬門了。只是，對
於此一「和平」「現實」的說法，卻仍然是一項很大的未定
變數，因此，休斯頓‧史密斯（Huston Smith）早在一九六一
年就曾明白地宣告：現代主義的世界觀，是深信「現實」是
植基在可理解的秩序之中；而後現代主義的世界觀，則是堅
持「現實」是沒有秩序的，也是無法釐清的〈註二〉。對
此，米謝‧傅柯（Michel Foucault）更認爲：「現今一種歷史
的新形式，正在企圖衍生出它自己的諸般理論」〈註三〉。
而就在此種槪約的理念之下，「現代」體系之中的「連續
性」、「總體性」、「目的論」、「起源」、「總體」……
等問題，都已失去了其原先清晰的身軀。它們不是被拆解後
重新建構，就是被無情地放逐遺棄——整個旣成場域被解放
了。

　　確實，在西方社會裡有極多的學者認爲：後現代與現代
之間的關係，並不是上下相傳承的物種延伸；後現代與現代
的關係，也不像古典與現代的臍帶牽連。後現代幾乎是完全

與現代沒有血緣親屬、甚至有時候是回過頭來對現代大加
「革命」的新式主義。換言之,「後現代」只是在文字學上
與「現代」有相同的字眼而已。當然,以上這種說法,仍然
存在著許多令人質疑的觀點。

但儘管如此,許許多多的後現代主義論者,其立論的基
礎,依然有許多是不免地要從對現代主義的剖解下手。其原
因是:在很大的程度上,後現代主義確實是可以被找出和現
代主義相對口的因子在。所以,即使是在今日「後現代主
義」尚無統一認同的定義時,「解構現代主義」,也就成了
許多當代藝術理論家,在構建後現代論述時的主要步法之
一。也因此之故,吾人在習慣性地探究有關「後現代」或
「超越後現代」的問題時,也就難以避免地要打擾了、甚至
是失敬地侵犯了某些「現代」的理論,而有時更是需要向其
借提引證一番,以便完成自我的拆解嘗試。

在西方的理論家筆下,「現代」一詞,通常是指「中古
世紀」或是封建制度以後的新階段。換言之,「現代」,就
是相對於「傳統」的革新之代名詞。也因此,從笛卡兒以
降,幾乎所有「現代」的理論都是圍繞著「理性」(reason)
的基本概念而生。因為,「理性」被視為是解開一切學說與
行為的無上法寶;也是再造新思想、新社會的關鍵之物。

此外,又有另一種以「心理學」角度出發的看法,則是
認為:現代主義在很大的程度上,是關於「焦慮」的。其中
隱涵了許多表面看似平靜、但內部卻是激烈的孤獨、情感、
或無法用語言述說的絕望⋯⋯等等。因此,弗雷克・詹明信

（Fredric Jameson）就曾同意：現代主義文學中的主要問題之
一，便是出在於「表達」這個關節上；其就有如是福拜樓
（Flaubert）發現了其自身語言被污染了一般。福氏在其作品
中塞滿了各種高貴的「陳腔濫調」以後，卻又赫然地驚覺：
想要用語言來傳達自己的感受和感情，原來那是不可能的；
作品之中所存在的，只不過是那一連串自己「垃圾般」的囈
語而已。（詹氏的此一看法，是否也會讓我們回顧起台灣藝
術，在過去的「現代」「焦慮」現象？）

　　確實，在福拜樓的創作世界中，是如此地自我衝突。那
麼，從西方社會中衍生的現代主義之藝術作品，又是如何
呢？是不是也可能存在著類似一樣的「表達」或「傳遞」問
題呢？而即使是在「美學」觀點上與現代主義完全「斷交」
了的後現代主義，其是否也同樣有著這一層面的障礙或盲點
呢？長期以來，人們自以為是完完全全地在做獨立自主的思
維、表達，但事實上，其深層的內幕底細，是否也可能只不
過是在模仿著那些早已被大家所接受、認同的符號、現象而
已呢？

　　很顯然地，在這之中存有一個很大的問題，那就是：由
於過去被認為是「文化」的代名詞的「工業化城市」，其在
西方的社會裡變形了。從十九世紀後期開始，人們對於城市
的感覺已經不再是一座美麗的工業花園了；工業化的無限延
伸，反導致了人們不再歌頌「城市之自由」了。（這一點，
在今日的台灣，尤其是讓人心有戚戚。）而相對的是，人們
意識到的是一種前所未有的孤獨、焦慮、疏離和憂鬱。這種

45

新式的社會現象，正對應了法國社會學家依門・涂爾淦（Emile Durkheim，近代社會學的奠基人之一）所率先提出的「迷惘」（anomie）這個抽象概念〈註四〉。

　　而類似的，在過去的中國社會中，一代奇才——魯迅的「狂人日記」裡所出現的恐懼——焦慮著可能即將被吞噬的情結，也似乎正是此種出現在某類資本主義社會下的一聲絕望呼喚。只不過，其所得到的迴響，可能是更為令人恐懼的「威脅」罷了。（這也算是對現今臺灣「本土」現況的一種「前置反映」？）

二、現代、後現代與可能性的「超越後現代」

　　現代主義的「前衛」辯證思想，視「傳統」為已經銹腐或死亡的低劣「物品」。而此一「物品」，對於現代的「前衛主義」者而言，可以說是不具有任何價值的。而後現代主義的「新表現」理論，則又是宣揚重新肯定傳統、認同傳統的理念；新表現主義者將過去被貶入墳場的「傳統」重新召回，並賦予「傳統」新的生命。因此，在「現代主義」與「後現代主義」兩相消長的幻化過程中，假如吾人願以「人類學」的角度去掃描一層文化實體的檢驗，則歷史的影像便會清晰地顯現：「現代主義」的「前衛」理論，是不折不扣的「種族隔離」政策；而「後現代主義」的「新表現」精神，則是倡導族群融合、彼此等同尊重的「複合文化」政策。

　　而對於此一相同的議題，假若再以「政治學」的立場，

來加以檢視國際文化、思潮的流脈乖變，則人們似可得知：
「現代主義」在過去之所以足以傲視群雄、風光數十年而不
墜的社會變遷背景，乃是由於西方少數幾個強權資本主義國
家，在國際政經舞台上的掌控操作與霸權分享下的寡頭統治
之相映產物。而相對的，「後現代主義」得以萌芽茁壯，並
逐漸取代「現代主義」而搖身成為當今國際思想的「主
流」，則是由於昔日被強權所利用、殖民、甚或拋棄的區域
勢力，已開始重新抬頭、復活。而這些昔日有如「下人」、
「奴隸」一般的古老民族，在潛伏了半世紀的臥薪嚐膽之
後，如今，已反成為整合區域力量的一連串「集體式的獨立
情感」工作中，一群不可被低視的新興「舊」民族。

並且，這股來自地球各個角落的新區域力量，更迫使得
昔日霸權獨大、操控圍堵勢力的寡頭獨裁者，不得不主動地
下放權力，亦或是被動地被黃袍加身但架空了其在區域間的
霸主威權，並進而被要求重新認同、尊重各種不同區域民族
在文化與生命上的等值存在。

無可否認地，在今日所謂「超越後現代」的言說理念，
可能已經偷偷地向人們迎面撞來之際，「後現代」，卻仍尚
在積極地介入我們當今所能觸及的每一個場域之中。不管是
政治（文化的同義複詞）、經濟、或是藝術、文化，「後現
代」的存在，已經是一項不須強調，也無可掩蓋的事實現
象。但是，「後現代」到底是什麼呢？在人們有意挑逗「超
越後現代」之前，即必須先釐清楚「後現代」的容顏和情
懷，否則，「還來不及牽手就已經分手」的人生經常際遇，

47

一定會在人類的文化藝術歷史中，一再地重演上市。

因此，後現代的「理論」到底是關乎歷史的連續性？或是斷裂性？它又是如何地在「歷史」之中扮演著辯證的橋樑呢？這即是另一樁無可避免的重要標地物。因為，就承如英國歷史學者傑福瑞·巴克勞（Geoffrey Barraclough）早在一九六○年代的所言，他明白地表示了不贊同人們應該再強調歷史的連續性之理論。巴氏認為：今天值得我們再去尋找的，並不是那些相似性或是連續性的東西；而是那些差異性、不連續性的元素〈註五〉。易言之，今日的「歷史」，是應該被視為是一段完全不同的「新」時期。

而如此之故，今日這許許多多存在於各區域間，似是而非的直線式「後現代主義」理論，便無可避免地被人們質疑它們存在的可能性與可靠性。而其也確實，單一的後現代理論，在現實的運作之中並不存在（或是很痛苦地存在）。道格拉斯·凱諾就曾清楚地強調：今日存在的後現代理論，是多種不同系列式的後現代理論群，而非是獨裁式的唯一定理主張〈註六〉。因此，假如今日仍然有人視「後現代」為一標新立異的時尚流行，而於予全盤否認、甚至是排斥、拒絕；或是未經過針對區域文化之差異的多面向判析、解構，即一味地擁抱、親吻「後現代」，並視其為當今唯一的正統主流主義，則此二者的心結態度與常識認知，都已經遠遠地背離了「現代」與「後現代」的原始抱負了。

三、現代與後現代的「批判」問題

　　近（當）代中，出言立論「後現代」的西方學者已爲數不少。他們皆有個人一套的思辯模式與論述焦點。其中翹楚者如：尙・布希亞（Jean Baudrillard）、基爾斯・蝶滋（Gilles Deleuze）、費里・戛特利（Felix Guattari）、弗雷克・詹明信（Fredric Jameson）、米謝・傅柯（Michel Foucault）、普・威利羅（Paul Virilio）、迪克・海勃地（Dick Hebdige）、尙—法蘭斯瓦・李歐塔（Jean-Francois Lyotard）、裘眞・哈柏瑪斯（Jurgen Habermas）、邁格漢・摩里斯（Meaghan Morris）等人。不過，這些在後現代領地之中享有舉足輕重的學者大師們，也並非都是自頭徹尾地一言九鼎、貫徹始終他們的思想理論。「隨著時間的流變，而不斷地調整下論的方位與態勢」，成了他們共同傾向的言說個性。而對於「後現代」的此種非定性「伊麗莎白」式情懷，麥克・費諾史東（Mike Featherstone）在闡明「現代」與「後現代」的定義與解釋時，就曾一再表明：歷史在邁入了七〇及八〇年代以後，「後現代主義」已更爲廣泛地被應用於建築、視覺、音樂，以及表演藝術上；並且同時返覆來回於歐洲及美國本土間，作了不斷的理論新解和辯釋修正〈註七〉。

　　如此，後現代主義在經過了幾十年的不斷自我質疑修正與推翻重塑之後，今日的「後現代主義」，可以說是已經更具有「非定律」主義的廣義主義形態。或是再說明白一點，「後現代」，擺明就是一種「假設性」的主義身段。只不過，在這快速的理論轉換變遷之下，一些昔日「被」定義爲後現代主義的狹義金科玉律，卻仍舊不免困擾著今天的某些

49

藝術家們。其中一例，就以後現代主義的非「本質論」（es-sentialism）——「後現代主義」到底有無「實體」或「去中心」（decentering）的論證，乃為最易讓人困惑、偏解的爭議之一。

當在面對有關「後現代」情懷的諸多爭論時，約翰・哈利（John Hartley）也曾解釋說：後現代主義是在一九七○和一九八○年代中，圍繞著各式各樣的藝術、流行與智力文化產業的一種發展術語。在此種「後現代」主義者的特有思想態度中，它是趨向於拒絕早期理論系統中的「總體論」與「本質論」；尤其是「古典馬克斯主義」理論。並且主張參照事實、科學化的、以及深信進行的過程（非最終的結果）。後現代主義更可以說是：在從智力系統到建築風格中，委身於一種強調非連續、不相稱、甚至是殘篇斷簡的現成體位之思想和再現〈註八〉。

其實，後現代主義的論述範圍，其基本上和現代主義所關懷的領域並無重大差異。舉凡有關政治、文化、社會、經濟，甚至藝術上的美學議題等，都是其辯述的主要對象。只不過，其中「藝術」與「社會」相扣結的這一連環上，更成了當代諸子百家的主要論戰場域之一。而在這類似的論戰之中，「現代主義」建構了堅固的「為藝術而藝術」的諸如印象派、立體派、普普、達達……等，以及其他「觀念」、「前衛」……等運動的堡壘重鎮。而相對的「後現代主義」，則是趨向於在解構現代主義之後，再深耕易耨於和現代主義相決裂、斷交的各種關乎「美學」的問題。此種英雄

豪傑般的兩相對峙關係，今日吾人站在歷史急速流變的轉換列車上來看，則其眞可謂是「道不同，不相爲謀也」！

當然，關乎「後現代主義」的性情問題，至今仍然存在著一堆無法讓人完全滿意的爭議〈註九〉。例如：後現代主義果眞是與現代主義完全斷絕了歷史性的父子關係？現代主義與後現代主義果眞是存有過父子關係？還是後現代主義根本就是生爲背叛現代主義？亦或是現代主義與後現代主義其實都只是在歷史的邊界上，各自遊蕩、漫流的非同路人而已？但事實不管何者爲實，何者爲虛；那些日夜纏綿不斷的爭論，已確實讓當今一些有關「後現代主義」的言說，在其「主體論述」的野性身軀之中，又更加地豐滿了其原本就已是魔鬼般的曲線；也更加地袒露了其對當代藝術家們的勾引呼喚。

51

四、現代與後現代的「文本」問題

對於某些西方的藝術史（論）家而言〔例如道格拉斯・凱諾（Douglas Kellner），史蒂芬・貝斯特（Steven Best）等人〕，「後現代理論」這個名詞確是極具爭議性，甚至被視爲非存在。因爲，他們認爲後現代式的「中心」批判精神，便是在於直接挑戰、超越「理論」這個既有的概念。可是，無可否認的，就以當代極具知名的一些後現代思想家而論，其中例如弗雷克・詹明信、也內史陀・拉克勞（Ernesto Lac-lau）、茜陀・莫夫（Chantal Mouffe）、基士・德勒茲（Gilles Deleuze）、尚—法蘭斯瓦・李歐塔、尚・布希亞等人，他們

對後現代精神的闡述，卻依然被凱氏和貝氏在「後現代理論——批判的質疑」中肯定為是今日「後現代理論」的當家山頭好漢。而其主要緣由是，這理論家們都極力闡揚著接收各種新興的自然原理和重心；並且據此以批判、告別現成存在的許許多多駕馭著現代社會理論、政治理論、歷史理論，以及個體理論的中心流域與未來假設。很明顯地，這是一處極為重要的論戰據點。

然而，人們假若暫時撇開直線攻佔式的理解，而從某一個逆向的方位反觀，則後現代理論的真正主要成就，事實上並不是在於批判了過去的思想錯誤；而是寫下了大批的文字論述。因為，在近年間的後現代理論裡，並不刻意地去區分誰對誰錯。顯然地，今天已經沒有所謂清楚的思想對錯了。也因此之故，有人便指出：如果真要去批判某種思想時，我們只需準確地指出其所用的表述、文字有所偏差之處，然後再以自己的文本加以取而代之即可，根本無須大動干戈、全面鬥爭。

就從上面的這個角度看，後現代理論的焦點，在很大的一部份上可以說是偏向於語言、文字的表述爭論，而非是思想、情操的辯解。所以說，從現今的社會體系中觀看，則那舊有的傳統思想與金科玉律之觀念，似乎全都繳了械；而新出現的則是：不斷增加寫滿了文字的新人類大兵——文字成了重要幹部。然後，人們又不斷地擠出了新的文字來取代舊的作品。他們似乎堅持現象背後必定隱藏（含）著比現象本身更為重要的東西之想像唯心主義。而如此一來，人們就更

變成了只認文字、文本，視週遭一切就如作品一般的唯物主義（當然，此種信仰在辯證法中，面臨了不少難題與挑戰）。

　　而此種湖中點石的波狀變化，在社會學的某一部份中，確是極具革命性的。也因此，新式的社會科學認為：社會根本就是一種文本。在社會裡頭概括了一切的人類行為；而這些行為就像極了一種語言。只不過，如此這般的推理衍論，當然也會存有其漏洞所在，而非絕對的金鐘罩身、無懈可擊。所以，當藝術家們在如上述的文本樂園中努力地從事創作時，弗雷克‧詹明信在論解後結構主義時的幾句名言，是否會讓吾人頓悟式地憶起？——當在探討「××主義」時，必先弄清楚那些理論是怎麼來的？我們為什麼會（要）如此這般地思考著（遵循著）呢？

　　不論今日人們對「後現代」的情懷是恨？是愛？「後現代」此一用語，極可能會因為人們過度的消費（abouse）或是不當的使用，而逐漸褪去了它的光澤與亮度，就像昔日的「前衛」一般。只不過，也是無可逃避的，今日所謂「後現代理念」一語所涵蓋、指涉的思想、行為範圍，已經是具有全球化的運動規模了。而且此一運動尚在持續快速地增殖之中。在近年間，西方的「後現代」學者，越來越傾向於泛層面的「焦點」式論述。其中有單獨針對藝術體系立論的，也有從文化、經濟或政治層面切入的。當然也不缺乏從哲學、美學、社會學出發的。更有從馬克斯主義、女性主義直接下手的；或是挾持資本論、消費論等迂迴前進的。但姑且不論其各自所建構的王朝領地，是為一區域性的言說，或是跨民

53

族性的通則，如此的氣象已是一個不爭的事實。

在台灣，就如西方社會一般，也已經有部份人們視「後現代」為「退流行」的經典，但也有人才正亦步亦趨地向前探尋。但不論我們是喜悅地擁抱她、或是憊倦地拒斥她，全球性的後現代精神與論述，將絕對不會為任何個人或民族的好、惡，而稍作迴避或停頓。後現代的現象將持續地在各自以不同科技、人文、地理為背景的區域社會裡，作永不間歇的衍殖與再生。今日的「後現代」言說，將就彷彿是一座熱力四散的活火山一般，她會隨時在任何區域產生新的爆發——如昔日的「現代主義」；而其所掀起的火山灰燼，也將會順著目前超資訊的氣流而熱情地隨風飄送，並且，全面性地覆蓋於鄰近的他人領地之上。

也因此之故，我們是有必要先站在自我本身的某一個基點上，以更多角化的方位去探究西方的「後現代」理念。否則，「超越後現代」的「本土」理念，將會很快地被他人的權勢所無由地扣押、拘禁——因為新式的後現代理論之所以會如此強悍，乃是由於它所企圖反映的世界，確實已經產生了全球性的連鎖變遷。我們已無由再置身度外——即使她是「假設性」的。

附註

註一：Hans Bertens, The Idea of the Postmodern, Routledge, London, 1995.

註二：Steven Best & Douglas Kellner, Postmodern Theory : Critical Interrogations, Guilford, us, 1991, p.9.

註三：Michel Foucault, The Archaeology of Knowledge, Pantheon Books,

New York, 1972, p.5.

註四：T. O'sullivan, J. Hartley, D. Saunders, M. Montgomery, J. Fiske (ed.),
Key Concepts in Communication and Cultural Studies, Routledge,
New York, 1994, pp.13,14.

註五：Geoffrey Barraclough, An Introduction to Contemporary History,
Peuguin, Baltimore, 1964, p.12.

註六：S. Best & D. Kellner, P.vi.

註七：Mike Featherstone, Consumer Culture & Postmodernism, SAGE,
London, 1993, p.7.

註八：T. O'sullivan, J. Hartley, D. Saunders, M. Montgomery, J. Fiske (ed.),
Key Concepts in Communication and Cultural Studies, Routledge,
New York, 1994, p.234.

註九：關於此概念的重要著作如：Jean-Francois Lyotard（李歐塔 b.1924
），The Postmodern Condition : A Report on knowledge, Minnesota
& Manchester, 1984 ; Also Answering the Question : What is Post-
modernism ?, Innovation / Renovation, I. & S. Hassan (ed.), Madi-
son, Wisconsin, 1983 ; Craig Owens（歐文斯 1950-1990），The All-
egorical Impulse : Towards a Theory of Postmodernism., Art After
Modernism, Brian Wallis (ed.), New York & Boston, 1984 ; Mike
Featherstone, Consumer Culture & Postmodernism, SAGE, London,
1993; Hal Foster (ed.), Postmodern Culture, Plute Press, UK, 1990 ;
John Docker, Postmodernism and Popular Culture-A Cultural His-
tory, Brown Prior Anderson, Australia, 1994. 等，皆爲極具參考價
值之重要論述。

55

第三章
藝術家的藝術批判與
社會關係

第三章
藝術家的藝術批判與社會關係

在本世紀末，因嚴重的全球性污染，以及核能（武器）的過度擴張之所致，人們早已意識到了國際間的區域性生存恐慌。因此，不論是昔日歌頌工業文明的結構主義、或是今日拜電腦科技而茁壯的後解構主義，都將被一併地點名重新思考「人」的存在意義。而那在舊世紀裡時而漫遊、時而衝撞的「藝術」，在新世紀的將來，將註定會走向以「人」為主軸的生命磁場去。

而一個辯證式的批判理論可能就是一種歷史理論，其包含了歷史事件與社會變遷。是故，批判理論勢必會依隨著各種時空的發展，而做不停地修改與調整。一樁恰當的「批判」，若從社會理論出發，則其必定能描涉出或是察覺出許多重要的社會衝突與矛盾問題。而這些來自於藝術家的「憤懣」（ressentiment）之產物——「批判」，也註定會標示出該類問題的某些可能解決性、以及提出社會「進步」的轉型之可能方向。

尼采與麥克思‧韋伯（Max Weber）皆曾認為：所有所謂的「事實」，其都只不過是被建構起來的「詮釋」而已；而製造詮釋的那些「觀點」，又都是極為有限而不完整的〈註

一）。因此，乃有人歌頌了後現代「去中心」思想之無私，亦有人讚揚後現代「去中心」擁有自己「中心理念」的可貴個性。但姑且不論何者所言，一種後現代的「變相」多元包容，總是讓人聯想到一種「博愛」的偉大情懷。只是，後現代這個「現實」的理念，卻也經常給自己設下了一項不得不面臨的困局——「憤懣」與「批判」。

一、「博愛」之下的「憤懣」

後現代接受不同「事物」的共時存在之行徑，其就有如尼采所認定的「博愛」一般。然而，尼采又認爲博愛就像利他主義一樣，都是一種不折不扣的侵犯形式。誠然，在傳統維多利亞倫理中互爲善、惡兩相對立的「博愛」與「侵犯」，其被拆穿了卻又都是同一樁事。博愛（多重複合）行爲的本身就隱含有一種下意識的破壞因子。因爲在現實的結構中，施予「博愛」者所身處的方位，其在先天主觀的條件上就處於優勢。所以，他們會自然而然地期待著那些接受了「博愛」者的崇拜或感恩；而當這樣的崇拜或感恩被放到現實之中來看時，則它就成了是一種屈服式的行爲。今日後現代「廣泛」地包含各種主義的共時同存之個性（負面解釋乃爲「企圖」），也並非是完美無缺而能放諸四海皆準的。後現代之「企圖」在於等同尊重的無邊際精神中，就這般地隱藏著一項未知的盲點——今日後現代思想從某一個隱密處圖謀掌控著昔日身爲主流霸權的現代與古典——其雖在美學上與現代劃清界線，卻又在博愛中搔撫著現代與古典的癢處。弗

雷克・詹明信（Fredric Jameson）曾說過這種企圖控制別人的意旨，在導入尼采對「博愛」與「利他」主義的觀點中來操作時，則所有非主流或弱勢的一方所表現出來的心態或行為，就是所謂的「憤懣」。

此外，尼采在之前也認為：在強者與弱者之間總存在著某種衝突。強者徹底表現出了其優勢的侵略性；但是身為弱者的一方站在其主觀的機能上來說，便已是不可能接受了。因此，原來為弱者的一方，即會以另一種隱密的形式來表現出自己的反抗（同為侵略本性），而這種本能就是「憤懣」。對此，詹明信也曾解釋過原本的弱者是如何地從強者手中奪權的心理過程。詹氏描述說：原來的弱者創造了某種「宗教」，好去宣揚作弱者比當強者好的理念（但私底下，他們又不願當弱者）。因此，他們就以這種論調來閹割了強者的既得勢力，並且，最後再使自己成為另一個強者。

假若人們願意將這種「憤懣」印證在今日國際間的互動關係之中來看，則吾人不難從明顯的政治環境中找到許多實例典範。舉例說：新加坡內閣資政李光耀在一九九五年的一項新加坡國慶聚會上，就曾明白指出：「美國在稱讚台灣、南韓、菲律賓與泰國的民主及新聞自由時，即顯露出了美國的文化優越感，因為這種稱頌是優越文化在對劣等文化摸頭表示讚許」〈註二〉。這就是典型的西方「博愛」在種族層面上毫不客氣地「侵犯」了亞洲民族。李光耀在早年即已洞悉了美帝的此種「博愛」企圖，也因此，他能領導新加坡拒絕了美國的「利他」愛撫，而在憤懣的力量中，精壯獨立於

美國的「博愛」掌控之外。

當代作品中的「批判」

　　再回看到藝術史上的許多主義、學說或畫派的出現問題，其似乎就是遵循著上述的模式而被製造出來的。不過，話又說回來，這種尼采式哲學現象的發生，也似乎有其存在的自然因素。因爲，社會中的藝術家們（文學或哲學家亦同）都普遍沒有自己的政黨或是權力中心，所以，他們當然也就無法以外力（政權之事）來改變他們所認爲不合理的社會狀況。因此，藝術家們便只好透過作品、學說來批判他們所認爲不合理的事物。而這也就是批判性作品出現的主要背後理由之一。是故，現代主義在蔚爲風潮之前，便是如此地批判了古典主義；而後現代主義在出現之初，也是同樣這般地「款待」了現代主義。

　　尙一保羅・沙特（Jean-Paul Sartre）曾啓用「非眞實化」(derealization) 這個字眼來說明：極度眞實的藝術品在很大的程度上一定會影響到現實的。這就好比人們所見到的美國博物館裡面，那些使用合成化纖所塑造出來與眞人一模一樣的「人」，他們彷彿是一個眞人被掏空了內臟一般——外表依舊在，但是內部卻早已完全空蕩了。而如此看來，則每一樣東西似乎都有可能被「憤懣」掏空、被非眞實化！因此，沙特就說過，這類非眞實化的作品，其實它們就是充滿「憤懣」的，更是充滿復仇心理的。而這或許可以再更進一步地說：這類藝術品所放射出來的企圖，其簡直就是想在人們身

上先動些什麼手腳（批判），然後再剝奪我們所依賴的現實。

　　當然，也有很大一部份的道德家們，對於當代藝術中許多批判社會現象、揭發醜陋人性的藝術感到坐立難安。他們認為這個世界已經糟透了，為什麼藝術家還要火上加油，盡是「宣揚」、「展示」那些人生陰暗的一面呢？藝術家為何要如此地「教育」、「引導」他人，令他人無條件地去「欣賞」那些痛苦、醜陋的畫面呢？——其就有如一些以暴力或是「性」為描寫主題的作品一般。對於這樣的一個問題，吾人以為來自許多藝術家的共同簡單答案可能會是：揭發、批判以促使改變、修正。

　　不過，另外一項潛藏在藝術家本人內心底層的「下意識」心態，更可能是形成今日如此這般眾多藝術家的作品皆具有此一「批判」共通性的重大原因。而此一「下意識」的感知，或許就更如麥克斯・韋伯一般。韋氏承認，他之所以會進行那些令人痛苦、沮喪的社會學研究，其中有一大部份的動機是：因為他想了解社會中的種種醜陋到底是到了什麼程度；並且，經由了研究來試探他自己：到底能夠對那些腐敗忍受到何種程度。因此，在基本上，許多當代藝術家是確實存在著類似韋伯的這種「下意識」的心態。但也當然，總會有一些例外者，他們不願知道歷史的恐怖和醜惡、他們也不願接觸人性陰暗的一面；他們要的是：寧願讓作品顯得「乾乾淨淨」。

63

藝術家之於社會的「形象」

　　無可否認的，藝術家，是一群充滿著奇特怪異能量的呼吸行體。他們除了捕捉自我內心對於外圍社會的「憤懣」因子之外，他們也會因為彼此自身那股來自於社會的高能量——「仁義」或是「誘惑」，而產生出了「批判」的自然反應——遺憾的是，有時候它會因為個人自私企圖性的失焦而模糊了對象物。

　　被西方世界公認為是第一位社會主義之「現實主義」理論家的基洛・盧卡奇（Georg Lukacs），其在分析社會成員的結構關係時，就曾提出這樣的一個看法：工業無產階級既是一個階級，但又不是一個階級；其原因是：一個階級存有著自己的階級利益；但是其最終卻又是想消滅階級〈註三〉。若將盧卡奇這套理論搬到現今的社會結構之中來探究藝術家在社會間的階級關係時，人們便會很快地發現了一個有趣的現象。那就是：「藝術家」在現成的社會結構內，自己已經在無形之中形成了一個「藝術家階級」；並且，這個階級又被分成了許多不等級次的階層。而如此一來，則問題便開始發生了：這些不同階層的藝術家們，就像是一池子裡面的魚兒一樣，雖是同種同類，但卻永遠無法像蜜蜂群一般地同心結合為一共同體。其乃因為，不同階層就有如不同階級，眾口皆會為了「爭食」——藝術家與非藝術家們皆極可能會為了任何形式的「財富」、「名譽」，而出現扭曲的世界觀。而此種爭食的效應，就會更促使人們（當然包括藝術家們）不願意或是假裝沒有看到或是裝作不知道某些已經發生、正在發生，或是即將發生的事與物。

　　關於上述的事實、現象，吾人或許可以再借用馬克思主義社會學中的以「階級」分析的角度來分析社會一樣──如果從「階級」的角度出發，那麼，人們所看到的藝術家之間的階級鬥爭，便是在所難免、天經地義之事了。而這也就是說，藝術家們也一樣避免不了社會總體論（化）中的諸多恩怨情仇〈註四〉。而此一循環性的人心情結乃又導因於：處於社會整體上層的藝術家們，其大部份都會將藝術社會視為是區分著許多不同層次的空間；而他們更會習慣性地俯首向「下」審看。但是，處於所謂下層的那一群藝術家們，則又會以階級的意識向上反視。而如此一來，則當藝術家們在與外圍的社會產生連續互動的關係之時，其便會自然而然地出現了「我們」與「他們」的階級意識形態；並可能進而互為敵對、歧視，甚至可能展開毀滅性的人身攻擊（其中可能包括許多技術性的犯規行徑）。

　　然而，盧卡奇也曾指明，在如此的一個社會體系之中，只有那些被壓迫的階級（藝術家），才會願意（或是可能）從那般的經驗中去考察這個社會。這是由於：上層的既得利益階級（藝術家與非藝術家皆同）通常都是不願去面對該種社會體系中的現存狀態。甚至有時候，他們會將一切的現象都當作是一種「手段」來分析；並且藉由「不知道」、或是「不想知道」的偽裝途徑，來產生了一系列所謂資產階層的正確科學（條理、真理）。韋伯就認為這個「合理化」的動作，其被拆穿了，就是一種「工具化」而已！其乃因為：「合理」，並不是說整個社會確實是更加地合情合理了，而

65

其只不過是某些上層階級的手段、行徑被「合理化」了；因此，社會也就被認爲是「合理」罷了。然而事實上，藝術家們的創作，卻仍然是處在壓迫與被壓迫的各階層之階級鬥爭中，日復一日地昇起，又落下。他們很可能會終日爲著找尋自我的獨特「形象」而累垮了自己清純的靈魂。

　而在後現代主義的文化裡，「形象」，當然是無可避免地有著同樣「非眞實化」的窘境（或是效果）。這乃是因爲：縱然形象很忠實地複製了現實；但是同時地，就在其複製的過程中，形象卻又早已不知不覺地將現實給抽離了！讓現實變得非眞實化了！因此，就從這個角度上看，一個四處充塞著「形象」的社會〈註五〉，其實也正是讓人感到缺乏現實的社會；而在這樣的社會裡，一切人們所能想像到與接觸到的東西（現象），又都全部轉化成了某種特定的「文本」而已。因此，身處在後現代的今日，人們也並不比在現代主義時期裡要來得快樂或幸福。昔日那種由「使命感」而生的孤獨、焦慮與隔離等感覺，雖然已經不復威脅著人們，但是另一種無根浮萍的表面感受，卻又在某些場域之中，更迫使得人們感知到一種失去眞實感的恐慌。只不過，此種批判性的恐慌，很可能會被兩類不同的人，輕易地「異化」爲兩種各自不同的現實〈註六〉。其一是：「依然恐怖」；而另一則是：「反倒舒適」——此端看人們如何在「憤懣」與「批判」之間，適時地搜尋到足以讓自己感到舒服的位置。

　對於造成「憤懣」→「批判」的問題根源，法蘭克福學派的夕爾多・阿多諾（Theodor Adorno）亦曾同意：任何企

圖把「既成現（事）實」正名為有秩序的「真理」或是「正
義」的思想與行為，其都只不過是在運用一種掩蓋現（事）
實的蒙太奇式手法，貪婪地想把眼前的情境當作是永恆〈註
七〉。而這也正是造成「憤懣」→「批判」的主因之一。關
於這樣的言說，其實，在目前台灣社會中，即存有許多頗為
貼切的實證事例可供借提。而這都是一種企圖讓既成事實（不
管合理或是非法）搖身變為「真理」的就地合法化技倆。而
也就因為如此這般的社會結構，其早已經年累月地被「正
常」運轉多時，是故，近年來台灣的當代藝術家們，便會習
慣性地在「現實」與「形象」的自我「階級」社會之中，先
搜尋著各種能促使自己感到舒爽的符號語意或是形式手法，
然後再去極力地表現出能同時讓觀者與自我在感官和直覺上
皆能充分獲得高度快感的作品——一系列充滿著「憤懣」與
「批判」的當代「美感」。

　　承然，詹明信認為「人類學」並不是一門純潔清白的科
學，因為其中存在著侵略與屠殺。而相似地，筆者則認為：
「藝術社會學」亦不例外，它也並不是一門毫無被利害關係
所介入的科學。人們可以從歷史事實的分析中輕易證明：
「藝術社會學」的深層內幕裡，一樣是到處充塞著派系憤懣
與利益批判的割據場面。

　　再從「藝術人類學」的角度看，在藝術為宗教服務、到
了藝術為藝術、再進入到藝術背負著「反映」與「批判」的
重責大任後，「藝術」，似乎已經走完了它的第一輪生命。
而接續下來的，藝術所思考的問題，將會是「如何臻進人類

的生命義意」——讓人類共生在和平與喜悅之中。藝術創作的意義也極可能將會還原成一種精神信仰的徵候圖騰。只不過，「藝術」與「價值」在不同場域中的定位問題，對於不同的藝術家與藝術社會而言，將仍會是一個持續不斷的「因果」疑問與「寓言」目標。

附註

註一：Steven Best &Douglas Kellner, Postmodern Theory, Guilford, us, 1991, p.265.

註二：聯合報，一九九五・八・十五，版四。

註三：Georg Lukacs, History and Class Consciousness, M I T, Cambridge, 1971.

註四：盧卡奇的總體論，指的是意識到某種社會體系的功能或目的，而不是意謂著知悉世界上的任何事物。

註五：「形象」(image)一詞，在西方社會中已被普遍而廣泛地使用；其不僅具有哲學上的特殊背景，也和社會學有深度的關連。在一整套對「形象」所進行的分析中看，其簡單的說法即是：某種「象徵」意味。它是具有特定的涵意。

註六：此所謂「異化」，指的是自己知道自己的身份，但是卻又沒有權力擁有自己；是其他的人佔有了自己的自由。這個現象就有如傳柯所說的：眼前的目標，其並不是致力於在發現「我們」是誰；而是去拒絕我們的那個「誰」。Michel Foucault, The Subject and Power, in Dreyfus and Rabinow op. cit., 1982, p.216.

註七：Theodor Adorno, The Actuality of Philosophy, Telos, NO.31, p.120.

第四章
藝術寓言中的非顛覆
與挪用拼湊

69

70

第四章
藝術寓言中的非顛覆與挪用拼湊

　　阿圖塞曾經提示了三種因果關係概念，而這些概念也被許多學者轉移到對藝術家創作內容上的分析。他們對藝術家作品的表達與社會關係的因果，套入了三個定律，第一是機械的因果律。第二是表現性因果律。第三則是所謂的新型結構性因果關係。這是三種不同發展階段的模式。不過，這種模式的描繪，受到了一些哲學家們的全盤否定，其中尤其首推英國大衛‧休莫（David Hume）的懷疑論。從休莫的觀點中，我們了解到：人們相信了世界上存有許許多多的原因，而這些原因也必定產生某些特定的結果。但其實，這些都是「人」本身的一種判斷而已，那是我們的大腦主動賦予外界一種因果定律而已，而不是宇宙中所有的存在都確實是由時間或空間的「因」來制定「果」。

　　然而，以上這點也正說明了我們似乎是已經習慣於去尋找某種「因」來解釋某種「果」的思維方式。在創作上，大部份的藝術家也是鍾愛於從歷史的「因」著手，去尋找社會現象的「果」，然而這種方式雖然提供了藝術家在到達某一目的時的一條便捷路線，可是，一旦當藝術家找到了比他原先所預期的「因」還要多的「因」時，則又往往顯得徬徨無

助，不知如何下手。這種苦悶會一直持續到他們發現了所有不同層次的因果關係都是相互作用的、以及這些因果關係並非平衡的、而是通過社會「總體結構」下相互穿越聯繫的線條時，他們方能蟬蛻而鳴。而這也正是現代科技學術的一種典型思維方式之一。不過，對此，還是有許多學者仍繼續在質疑這種論點。他們認為所謂的「總體性」並不存在。存在的根本就只是「異樣性」的個別事物而已。也因此，「結構」與「解構」的概念，便成了當代探解此一議題或現象的絕好途徑之一。

一、非顛覆的時間秩序

就像許多西方激進的後現代主義者，以「解構」的言說，解構了傳統「現代主義」者的「結構主義」理論一般。在今日台灣，也有不少的藝術工作者，願意以區域的本土角度，去拆解民族文化的辯證言說。因此，很明顯地，便形成了所謂「二元對立」的意識形態。不過，弗雷克‧詹明信（Fredric Jameson）卻也擔心，類似這樣的一個意識形態之對立，其終究會證明是沒有用處的。因為詹氏懷疑：強調這兩種不同的差異，究竟能證明什麼？或說明了什麼？

因此，不管後現代的言說辯證是多麼地八面玲瓏、或確實是多麼地世故而又合適於當今的社會變遷，它，總是無可避免地存在著永遠無法完美的困惑。而這就更像是「現代」與「古典」在過去的花樣年華一般——對於台灣的本土藝術，人們必須從「時間」的「秩序」中去欣賞，而不是專注

於去撥數那彷彿惱人又迷人的雀斑與青春痘。

　　的確，有一些說辭、理論，在一開始的時候，確實是顯得非常地強悍、管用，並且給予人們很多的啟發。但終究，其一味過度強調的「意識形態」，是會讓人感到不安的；人們只了解到了差異的存在，卻不知下一步會是什麼？所以，當這二元對立的意識形態，導致成為龐大的體系時，對於我們這群身處後現代的人們來說，便會感到一種無能為力的乏力感。或許，這也就是近期後現代主義者所看到、意識到「後現代主義」的困局所在之一。而也更因為如此，所以許多後現代主義學者，例如道格拉斯‧庫寧（Douglas Crimp）、弗雷克‧詹明信、史蒂芬‧漢利‧莫道夫（Steven Henry Madoff）等人，便強調：「後現代」雖然在哲學上、美學上等領域，是和「現代」區隔的（非傳承或衍生），但是，後現代也並不是「有意」或「刻意」在「顛覆」現代。

　　若依據黑格爾的理論而行，歷史是一部人類行為（人為事件）與思想的綜合記錄。而這個記錄的發展，是依循著某個辯證法則（dialectical principle）持續往前推演的。那也就是說，任何一個觀念在形成之後不久，此一觀念，便又會再衍生出另一個否定它本身的對立觀念（不論其中是因為參雜有何等的變異因素在）。而當這兩相對立的兩極觀念彼此妥協、抵消與轉型之後，另一個更為「嚴密而合適」的合成觀念，便會隨後因應而生。（後現代主義是否即為此一模式之下的產物？）而此一新興的觀念或主義（主題），便會再依循著前例原則而持續分解下去。（後現代主義何去何從？）若以

此回顧島內過去的藝術演變與爭執：從民俗繪畫到正統國畫之爭、從現代風潮到鄉土文化展現；從地域意識到國際風格追求、又從世界景象回到本土藝術的國度。這一切是否也都印證了黑格爾的此一理論無誤？

而就根據黑格爾此一理論而言，歷史（藝術史）的演進，是服膺著「否定前期的觀念」的戰鬥隊形而匍匐前進的。但是，假如人們真以此推論，那麼，「後現代主義」似乎就是「否定」了「現代主義」之後的新產品！然而，令人不安的是，在此項推論模式中，確實是隱藏了許多值得讓人再更深入檢視的困惑疑點。因為，就引藉美國著名的藝術史學家史蒂芬・漢利・莫道夫的觀點來說，「後現代知識」是一種運用「過去」的方式，將「過去」當成是一種多樣秩序的系列回憶而已；而並非是把「過去」當作是唯一的模範，或是將「過去」視為是挑戰的對象物，而對其進行革命或顛覆。

是故，從以上的角度視之，則「後現代主義」的諸多辯證，便不是「現代主義」的推論者。它似乎只是從「現代主義」中自我解放出來的。因此，也就難免地，她會依舊潛存著昔日「現代」在辯證中的某些習慣性困惑。而其中，尤其是諸如「結構主義」、「後結構主義」，以及「解構」的概念、行為等，更是無法讓人對其模稜兩可的「部份指涉」視而不見、或是將其視為理所當然。

二、嚴謹真理與客觀一致的「結構主義」

結構主義論述，其基本上是一個綜合體。它被認定是由

傑魁斯・拉岡（Jacques Lacan）的結構心理分析學、庫德・李維史陀（Claude Levi-Strauss）的人類學，以及路易斯・阿圖塞（Louis Althusser）的文學理論爲基礎，所共同組成的一個概要輪廓。結構主義，又可以說是從語言學發展出來的，它注重的是解讀舊有的世界；亦即是把各個不同層次的世界，轉換成符號的系統而來加以解讀的。

又根據羅蘭・巴特（Roland Barthes）的解釋：「結構」，實際上是「客體」的一個「幻影」（simulacrum），而此一幻影，又透露出了客體中仍未顯現的部份。換言之，它透露出了自然客體中無可（難以）理解的部份〈註一〉。而事實上，巴氏的此一說法，其在很大的程度上，即是裁明了：思想領域的「結構主義」活動之概要，就是在於重塑那個所謂的「客體」；而最後，並藉由重塑的過程中，理出此一客體的「功能」（function），以及此功能發揮的規則。

近代中，最爲卓越的結構主義者有羅蘭・巴特（批評領域），以及庫德・李維史陀（人類學領域）。此外，其他深具影響力的尚有路易斯・阿圖塞（馬克斯理論）、傑魁斯・拉岡（精神分析領域），以及米謝・傅柯（Michel Foucault）（性學、知識與言說，以及瘋狂與監禁——尤其在權勢理論中）〈註二〉。其中拉岡、阿圖塞以及李維史陀等人，也曾經將現象分解成部份和全體二者；並且，再將其整個系統內容部位間的關係，定義爲「結構」。易言之，「結構」，被視爲是由無意識的規則與符碼所統御的。而另外「結構分析」的主要標地則是：嚴謹、眞理與客觀、一致。它完全解除了主觀式

的價值與經驗之判斷。換句話說，結構主義的宗旨即是：將無意識（un-consciousness）、社會關係（social relationship），以及象徵系統（symbolical system）等，拱進了核心地位；並且，強調了其主體性與意義的被衍生性〈註三〉。總之，不管是在從事理論的推演、或是實際的創作操作，結構主義者，通常拒絕接受一種非常實質（intrinsic）或本質（essential）化意義的理念。

然而，在結構主義批判了人本主義、存在主義，以及現象學之後，其身旁卻又出現了一幢自身的倒影——「後結構主義」，後結構主義也接下來點名結構主義中的許多弊端盲點。後結構主義攻擊結構主義中追求眞理、客觀、基礎，以及系統……等「確定性」之思考，因爲其就彷彿是過去「人本主義」的再生一般（不變的人類本質）。

所以，後結構主義者雖然和結構主義者同樣地都放逐了「自主主體」此一概念，但是，後結構主義者更堅持那不同形式的意識（consciousness）、指涉符號（signification）和認同……等，皆是來自於歷史。因此，歷史的變遷，便會導致其意義或性質上的轉化。而除此之外，後結構主義者在拒絕來自啓蒙學者的自發、自主與理性等概念的同時，更是趨近於主動去分析：一種「個體」是如何地被轉型爲「主體」？並進而探尋：此轉化而來的主體，又是何以不得不去承認所謂的「主體系統」？——其中例如：阿圖塞就曾認爲，當個體面臨被「質詢」（interpellate）時，則其將會很快地轉向於認同某一特定的主體立場。

　　因此，在很大的程度上，我們說：「後結構主義」，是很難在實際的運作中，與「結構主義」完全劃清界線的。對此，約翰・哈利（John Hartley）就曾簡單歸納分析說：後結構主義，雖只是比早先高理性結構主義者，更加地戒備了那些來自於「生產」和「調整」意思中的「滿足」（pleasure）角色、以及那心理分析的理論；而在進一步的兩相比較上，後結構主義，則又是更加地關懷那些使各種意義可能成立的外在結構（其例如：階級、性別、種族、社會行徑，以及歷史變遷等）；而不若結構主義偏向於關心內在或「無所不在」（immanent）的文本結構〈註四〉。也因此之故，後結構主義，又普遍被認定是後現代主義理論中的部份重要源頭之一。

三、　戲弄「言說」的「解構」

　　一般理論中的「解構」（deconstruction），是偏向於文學模式的剖析。「語言」與「寫作」的辯證，則是其中的主要大樑〔如傑克斯・德希達（Jacques Derrida, b.1930）之論〕。而雖然「解構」後來也發展出了另一套批評的模式，但是，它又與「後結構主義」有了顯著的差異。

　　對於「解構」的闡述分析，約翰・哈利即認為，「解構」，是衍生自傑克斯・德希達書寫中一種文學分析上的壓倒性風尚。而德氏本人亦曾指示：那支承書寫文述的哲學性「假定」（assumptions），是多麼地無力為其自身的意義背書——相對地，在如此這般的假定裡之「言說」（disscourse

），卻顯現出了一種有系統、且又暗中破壞哲學思維的行徑。
這種行徑，在美國本土就升高成為一種整體性的解構者運
動。而這個運動，尤其是在文學的研討上，更是火力強盛而
拼勁十足。

然而，在上述的外表之下，那個「行徑」，事實上就是
一種方法（methord）；而它的唯一戒律就是：不要認為一切
皆為理所當然——提高對「主義」或是「學說」層次的懷疑
與質詢。因此，「解構」，又可以說是一種「結構主義」的
邏輯性結論。

當然，在很大的程度上，「結構主義」的思想，是企圖
去挑戰常識性的「假定」，而這一層意義，也就是在於他們
那群肇始者的「意圖」之成果。或者又可以說，那個「語
言」，只是一個簡單的參照術語（一種稱為既成世界的手段
）而已。但是，「解構」在此，則是又進一步地將以上的概
念往前推移，並且單獨地與「意符」（signifier）〔此並非「意
指」（signified）、也非一般社會性的僵硬「符號」(sign)〕相
約而去關懷自身的一切。在今日台灣，吾人若將以上這種模
式運用在本土的文藝學上來看，則約翰·哈利的「解構」概
念，便會印證（產生）了一種特有的本土批評形式（或為一種
解構批評）。而就在如此的「西式」批評形式裡，人們或許
可以發現，它又總是躲藏著一雙批評語言上的「鑑定之
眼」——「當證據越是充足，就越反射在主題的論述之上」
〈註五〉。

或是再換個較為白話的方式來說：當代批評理論中，這

個名爲「解構批評」的主要招數，其實就是先找尋文本（對象物）中最不起眼、最爲角落的地方進行分析；而不是直接從文本的主要思想處下手攻堅。這個簡單的道理，就像是早先從唐山到台灣的漁夫想要對一隻巨大的陌生烏龜進行獵捕進攻一般。假若漁夫直接從烏龜正面主體的硬殼下手，那換來的只會是：震痛了自己的雙手而已。因此，在「解構」理論中的解構批評者即認爲，先從文本的側面角落著手，反而較能在瞬時間提出強而有力的批判。

然而，如此這般的主題探述（比方說，一件文藝作品），在事實上，其也並不是意謂著它已經是一種行爲模式的完美化身、或是已經提供了某種特權資格。換言之，它並沒有對讀（觀）者做出任何「將會怎樣」的保證。而相對地，「解構」，可以說根本就是在致力於對一些被精挑細選出來的「言說」，戲弄其所謂的「抑制」、「不存在」、以及「被限界的」……等之絕對概念，並全力使之三振出局。

四、挪用的拼湊性

到此，則已經頗趨近了後現代主義的思想範圍了——藝術品不再是一種有機的整體，而是由許多相異、分裂、間隙和距離所組成的「遊戲」。而這種當代的理論存有一種共同的趨勢，那便是揚棄傳統中關於「象徵」（symbol）的概念，轉而肯定另外一個名詞——「寓言」（allegory）。因爲「寓言」，是具有比「象徵」更多重不同的可思考層次〈註六〉。而此外，在「寓言」的活動領地中，那新表現主義所

79

主張挪用（appropriate）歷史風格與「傳統」的「遊戲」概念，更是被視之爲是一種當今藝術家取之不盡的創作資源。

當代藝術家的創作機制，幾乎都與其所處的社會環境存在著極爲密切的關連性。所以，當藝術家將自身創作機制的結論（或是在進行中同時修正），轉化爲具體的作品時，則被藝術家所運用的符碼（code），通常也已經是處在藝術家的熟知或掌控之下。不過，藝術家創作的機制與觀者的溝通，也是會存有某種時代局限性的。作品脫開了原創作的時空、或是觀者遠離了藝術家的時代，則「藝術家」←→「作品」間原先所欲傳達的訊息，便無法再準確地擊中早先命題的目標。

因此，在許多情況下，後現代主義（新表現）作品所「再現」的內容，往往並非是藝術家自身的單一心靈反映，也不是單純的創作者影像。它有時候是一種經由了多重複合的機械行爲下之「拼湊」產物。而這個產物也往往體現了藝術家與同時期當代社會寓言式精神關係——而這也是人們在面對後現代主義作品時所需思考的基本立場之一。

例如：當人們在欣賞杜象的「噴泉」（現代主義作品）之時，可能必先了解杜象本人對藝術的理念，才能看懂「噴泉」爲何物。但是對於後現代主義作品時，我們並非完全需要在了解了作者本人的主張後，才能欣賞他的作品，我們可以完全從後現代主義作品中的不確定訊息、因人而異的寓言中，得到不同的精神反映。

所以說，就在創作的結局而言，現代主義藝術家的作

品，可以被視爲是某種再現其自我精神、心靈的「意志」代表物 —— 一種自我反映的再現。而後現代主義藝術家的創作，則是在運用某種恰當的題材（內容）、形式，再現一種足以讓觀者聯想、回應的寓言目標。現代主義的創作者本身成爲作品的重心，而後現代主義的藝術家則隱身、消失在作品背後，並挪出一大片讓觀者冥想的空間。

其實，當人們再回到馬克斯主義的傳統中，來體查一系列「觀者從社會學的眼光看待事物，和從歷史角度衡量事物」時，則人們會發現到，其二者間是永遠存有一種緊張的關係存在。前者是從結構的立場下手，後者是從發生的先後順序切入，兩者間所產生某種張力的現象也就勢所難免。而詹明信就將這種張力視爲是一種兩相抗衡、自然共存的兩種不同「解釋」。所以，在當代人們以上述的社會學角度去思考藝術品的「力量」時，則過去一向廣受歡迎的「葛林伯格的現代主義」——形式主義，可能就必須遭到許多質疑。因爲葛氏主義強調：一件優秀的藝術品之所以成立，是因爲它本身具有了完美的形式存在，而並非其內容——而其實，這也正是過去（或是目前）台灣藝壇，在某些競賽或藝評場域中的問題根源。

此外，葛氏亦曾認爲，唯有在「否定」以及「超越」前人所創造出來的既成舊有形式時，新的形式才具有藝術史的價值——這亦爲國內部份評審的主要遵循方法之一。只不過，葛氏認爲有意義的「形式」乃是偏向平面的二度空間，而台灣依循葛氏言說者，自行加入了三度空間的立體裝置而

已。人們似乎已習慣以「解構」來戰勝一切。

　　事實上，許多後現代主義藝術家在長期熱衷於解構他人的符碼，以利重新建造自己的意識城堡後，卻也出現了許多外圍者的不滿之聲。他們質疑為什麼藝術家總是在拆解了別人的符碼後，而卻又有意無意地規避了自身呢？這就像似藝術家總是質疑「藝評家」的「藝評」一樣。因此，後現代主義藝術家也開始解構自己，但這種情況有時也會落入有如傳統共產主義者在批判別人之前，總得先檢討一下自己、數落一下自身的罪過一般，然後才能對別人的所謂「錯誤」大加撻伐一樣。因此，後現代主義藝術家便開始意識到了：這是令人痛苦的，但是又不得不如此「誠實」。

　　人（藝術家）的存在，及其對這種存在的思考，常常受困於同樣的問題……更有甚者，人（藝術家）的存在與其自身的思維之間的關係，其本身就是一連串迷惑的來源。而屋漏偏逢連夜雨的是，它（藝術家與迷惑的來源）還是一種不可避免的道德麻木的泉源地〈註七〉。所以，當人們從現代心理學概念中，那被推為「中心化的主體」的「個人」主位中，一下子掉落到了弗洛伊德昔日所發現的「中心化主體」是錯誤概念的現實漩渦中時（此弗洛伊德「中心」說與德希達的「中心」說不完全相同）便會痛苦無比。因為世界並沒有中心與邊緣之分，如果有的話，也只是一種「星河地帶」的概象而已。而藝術家又不一定是處於這星河的中心。從此，後現代主義藝術家在當代精神分析中，便意識到了自己的精神與創作，就有如詹明信和珍‧布希亞（Jean Baudrillard

）所說的，成爲一種在時間與空間中的新式精神分裂症
（ schizophrenic ）。問題是：在我們大多數的人群中，又有多
少人會願意承認自己犯有（不論正面或負面）所謂精神分裂
的傾向呢？

　　總之，不管後現代的言說、思辯，是屬於友善的或是非
友善的，也不管後現代的精神是破壞性的或是建設性的；至
少，島內的人們，從西方的「結構主義」、「後結構主義」
到「解構」的概念中，或許早已截獲了許多值得參考的非地
域性普遍理念。只不過，對於其中的某些「辯證困惑」，人
們必須小心應付。我們絕不能只是以西方互異社會的「個
案」經驗或是時間上的「階級」事實，而來研判、斷奪台灣
本土藝術的昔是今非或是今是昔非。畢竟，後現代主義中的
理論，還是存在著不少辯證上的困惑疑點。

附註

註一：Steven Best & Douglas Kellner, Postmodern Theory：Critical Inter-
　　　rogations, Guilford, us, 1991, p.18.

註二：參閱 J. Sturrock (ed.)， Structuralism and Since, Opus, Oxford,
　　　1979.

註三：S. Best & D. Kellner, p.19；T. O'sullivan, J. Hartley, D. Saunders,
　　　M. Montgomery, J. Fiske (ed.), Key Concepts in Communication
　　　and Cultural, Studies, Routledge, London, 1994, pp.302,303,304.

註四：T. O'sullivan, J. Hartley, D. Saunders, M. Montgomery, J. Fiske (ed.),
　　　pp.303,304.

註五：T. O'sullivan, J. Hartley, D. Saunders, M. Montgamery, J. Fiske (ed.),

83

pp.304.

註六：Key Concepts in Communication and Cultural Studies, Routledge, 1994, pp.312,313.

註七：Michel Foucault : Beyond Structuralism and Hermeneutics, Hubert L. Dreyfus and Paul Rabinow, U of Chicago, 1983, p.35.

第五章
自我意識的解釋與涵養

一、真實平凡與擴充膨脹
　　的自我感覺

二、新舊文化與神性文化
　　的社會操作

第五章
自我意識的解釋與豢養

　　一九九七年春天，當達賴喇嘛面對著成千上萬的台灣青
年學子講道時，他那雙掌合十，平日為天下眾生祈福祉、為
世界萬物求和平的聖靈雙手，非常自然地在眾目之下，遊走
在自己那日漸肌肉鬆弛的臂膀上，以及那日益皺痕深刻的脖
子上。為此，許多平日對神性價值觀，抱持著必須是絕對
「嚴肅」與「莊重」外象的台灣善男信女們，突然間，對西
藏秘宗佛教的精神領袖，產生了質疑。人們質疑達賴喇嘛當
眾抓癢的凡人舉動，人們也質疑達賴喇嘛莊嚴神性的成份象
徵。

　　而其實，就以筆者個人的體悟認知而言，達賴喇嘛的凡
人舉動，其背後極可能是深刻地隱喻著某種神聖的平凡教化
意義，「它」並不是一般的凡人搔癢，「它」是真誠而毫無
做作的平凡到讓吾輩凡人，深以為那真的是很凡俗的神性
「自我」的一種平凡動作。也或許，達賴喇嘛要藉以傳達的
真正道理，就是要吾輩眾生視他為有如凡人一般的俗象生命
體，而不是要我們將西藏秘宗佛教的精神領袖，以一種幻化
神性的「自我」去擴充崇拜。而這也或許就像阿拉或耶穌一
般，其宗教精神的偉大超凡之處，即是在於其架構在凡俗肉

87

軀之上的聖潔教義、以及那實踐於眾生生活之中的平凡作爲
之上。人們所認爲眞正偉大的應是虔誠的宗教信仰，而非是
道貌岸然的表象神化、或是被崇拜塑身的膨脹「自我」意
識。

今日，人們看到台灣民間社會對於宗教神聖化的價值觀
是如此，而同爲一種文化架構之下的台灣藝術社會，其對於
台灣當代藝術家（或是藝術家對於自己）「神聖化」的創作價
值觀是如何呢？以及，藝術家面對自我創作的眞實嚴肅與表
象戲謔之間的公眾關係，又是如何呢？這一切，似乎都是關
乎於藝術家一己對於「我」或「自我」意識的解釋與豢養——
——是否眞實平凡與是否擴充膨脹。

一、眞實平凡與擴充膨脹的自我感覺

「我」和「自我」，這樣的詞彙，對於藝術家而言，它
們是一個「主觀」的創作體；但是就以它們對於一般人所能
引起感覺、以及所有包含情感價值而言，它們是一個「客
觀」的名稱。換言之，「我」和「自我」，是意指著所有可
能在相關「意識」洪流中，產生某種特別興奮的東西（例如
藝術家對自己的作品）。而就在這個「我」和「自我」之下
的所謂「意識」，乃是一處由無數具有不同緣由的「衝
動」，其在彼此間產生各種「衝突」的場域。然而，有趣的
是；「我」和「自我」的意識，卻一直在努力地促使那諸般
「衝突」，在儘可能的短時間內，形成某種所謂的「統一」
或「協調」。而這也就是何以每個人都是如此地難以駕馭

「我」與「自我」的矛盾興奮。

事實上，包含藝術家在內，任何一個人，從一出生，似乎就具備了某種模糊、但充滿活力的「自我感覺」。並且，此一自我感覺的本身，並不是因為是天賦能量而固定不變的；它是像其他任何人類的原始感覺一樣，會不斷地演變和改進。也因此，在此種狀況之下，在每一方面都保持獨特色彩的同時，它會演化為無數的自我感覺。並且，這些具體的自我感覺（就像它在一般思想與肉體都已經成熟的藝術家身上所表現的那樣），是所有這些不同情感的混合體。而其中，就包含有大量沒有經過演化的原始情感存在。人們通常認為藝術家總是會比一般人有更豐富的想像空間與創作實踐，其緣由，也就是因為藝術家能夠保有較多不被文明社會所壓抑的原始情感。事實上，這才是所謂正面的「我」或「自我」的存在象徵。

89

但是，必須注意的是：當人們有時候在談論有關情感或價值認同的問題時，通常也會企圖以對自己有利的解釋或立場，去規定或定義那些原來在本質上就是不能被「規定」或「定義」的東西。也因此，這個最初做為一種己身感覺以及思想表現的「自我」，便會常常陷入了某種多頭的空洞、或是栽在無意義的特別形式之自我神聖崇拜或偉大自負形體的泥淖裡。

而其實，這種自我神聖崇拜或偉大自負形體的心境行為，正恰是每一個「自我」在嘲笑他人的弱點所在、也正恰是每一個「自我」在恐懼別人對自身的超越壓力所在。而更

說穿了，這全都是關於一種「自我」的莫名「名譽」心理狀態所致。台灣某些當代文藝、政治者在某些時候的某種特定創作上，是否就是因爲經常面臨了這種難以避免的「自我」之先決困境，以至於在作爲的呈現上，總是徘徊在一種唯我獨尊或是社會嫉妒的人性逆流裡呢？今日人們在台灣的社會舞台上，所舉目瞧見的部份當代文化作品之風貌與該創作者自我的背後崇高命題，其在戲謔與嚴肅之間的誠實取捨表現上，是否也總是拘泥在某種無可避免的讚美與誹謗的樂園裡，而以一種「逃避」的步伐而不斷地潛行躍進呢？而這是否也是台灣現行文化價值體系下的必然現象？人們能夠如何而爲呢？藝術家又該如何創作呢？

在現實的凡俗生活裡，人們似乎無可否認：每個人的自我感覺，在本能的進化或發展中，總是會運用某些受到的刺激或啓發的行動，來強調「自我」的意識，以方便去和其他人的意識產生對立的觀念。也因此，當代藝術家在創作一件自認爲極負意義的作品時，其正常的心態思緒，就像是幼童在完成一件自己創作的玩具一樣，當他有了些許的成功經驗或成果時，他不但會立刻增加對此物的興趣；並且會把對象物的存在價值和自身的軀體合而爲一。換言之，幼童對自我所從事的「創作」的成敗，可能還會視之比自己身體的飢寒交迫更爲重要。而人類本性的此種「自我」感覺，和此種「有目的」的活動之間的相互關係之作用，因此便可能開始進入了一種無可躲閃的狹窄心境空間——當作品受到讚揚時，主人便會得意非凡，而當外人出現挑剔的反向態度時，

則作品的主人便會轉而產生生氣或感到丟臉的意識變化。但
是，也只要主人有辦法可以馬上轉向去尋求另一件事物的可
能光彩時，則那原先的自我感覺，便可能開始從早先的「作
品」上消失或變爲冷漠了。

　　藝術家在創作一件藝術品時，其所依持的諸多動力之
一，便是此種所謂的「相應的自我感覺」。只不過，在台灣
當代的現行文化價値取向中，人們會發現，藝術家的此種自
我感覺，特別容易達到相當興奮的程度，並且，也特別熱切
盼望著某種讚美與獎賞。但是，同樣地，台灣當代藝術家在
目前週邊的生活條件下，我們的此種意識狀態，也極容易隨
著創作活動的結束而立刻淡出。因爲，在台灣一切求新求變
的現行社會結構與誘因之下的價値觀，已經把多數的我們的
精神狀態，教育成在任何活動停止之後，即迅速變得相當冷
漠與不在乎。

　　此外，另一種無可否認的事實現象是：台灣當代社會對
於神聖「自我」的期待與崇拜、以及對於平凡「自我」的粗
俗認同與忍受，也會相對循環於藝術家的創作心態上。事實
例如：當一位當代藝術家的「自我感覺」，並不被其所從事
創作活動的「次數」和極準確的「目的」所限制時，則此藝
術家的「自我感覺」，即反而會在他的創作意識尚未集中於
某事或仍未對自我創作做出決定時，表現得最爲強烈。而這
裡所謂的此種「自我感覺」，即是人文社會上的一種潛在危
險象徵。簡單說，即所有的本能在沒有得到充分表現時，都
極可能會採取某種不甚健康的表現形式；因爲，一個人的表

91

現慾，在創作中（生活中）一旦受到挫折後，則此一「自我
感覺」的能量，就有絕對的可能，馬上傾向於發揮在與原先
對某一作為（創作）宗旨毫無相關的瑣碎事情上。因此，社
會心理學家即曾認同：懶人和無用的人的自尊心，通常是很
強的。所以，它們就會在任何政、經、文、藝的生活空間
裡，對已經尋獲自我本能表現的同類人，做出足以自圓其說
的人身攻擊。

在歌德〈塔索〉的第二幕第三場中，有一句話這麼說
道：「只有在人群中間，人才能認識自己，只有生活，才能
教會人們去認識自己」。如果一件事和一個人所關心的事物
沒有任何聯繫的話，那他極不可能會去考慮這件事，而即使
他真的去考慮到了，那他也不可能把此事當成是有如自己的
一般。這就是為什麼在廣大的社群中，只有極少數的人能夠
清晰的認識真實的「自我」，藝術家也不例外。美國著名的
社會心理學家查爾斯·霍頓·庫利（一八六四～一九二九）
就曾認為「『我』（或『自我』）是一種好戰的社會傾向，
它在整體的傾向之中，總是努力地在鞏固和擴大自己的地
盤。而此種現象就有如生命一樣，只要有任何可能，它就會
極盡地擴張」〈註一〉。而事實上，在今日台灣，人們發現
許多有著強烈進攻性的「自我」們，其心理傾向的展現，在
試圖佔有眾人所渴望的對象目標上，表現的最為明顯。極多
數台灣當代文藝、政治者在「自我」建設與表現上，也同樣
地呈現出了某種代表個人對於權力的需求狀態，而這種權力
慾，就是企圖佔有眾人渴望的對象物，以保全個人私自特有

的發展。對於藝術家而言，這種心理動向的力量，確實是其創作上的一種突破可能，但也同時是代表著一種藝術社會的危險潛在關係。而這種危險的因子根源，其中就有一部份根本就是來自於同時需要那些渴望對象物的他人之「反對」。（當然，這些對象物有時也包括自身在內）。換言之，身為一個「進攻性自我」的個體時，他即會想盡辦法（包括在「自我」意識中，所謂最為高尚的觀念）來加強自己的力量（創作品），以防禦他人的爭奪（藝術競爭）。

簡略言之，在許多的有趣情況下，藝術家假如能夠使平凡「自我」（有如達賴喇嘛對自身的定義）與他人的聯繫或相較，可以採取一種較為確定的想像形式——想像平凡自我（自我所專有的一切觀念）是如何地出現在他人（社群）的意識流中。則藝術家在創作上的「自我感覺」，即可以輕鬆地決定其個人對於這個當代社會或藝術理念形式的態度表現。易言之，藝術家個人的此一態度走向，即是緣由於當代社群中諸多他人意識的一種「競爭」影響所致。而此種外在社會與內在「自我」的關係，正是所謂的「反省自我」或是「鏡中自我」（reflected on looking-glass self）〈註二〉。

二、新舊文化與神性文化的社會操作

早在一九六〇年代時，美國赫赫有名的「福特基金會」的年青人們，最喜歡說的一句話是：「說說你的價值觀」。但其實，他們並不是真的想要與人討論某種偉大的價值觀念，他們只是想藉機探討一下在「公認」的文化原則下，

「怎麼樣」，才比較實際。

在今日台灣，人們談了不少關於「價值觀」的事，但是多少人會去確實關懷台灣文化的價值走向？不論是在政經、文藝、或是經濟、人文的層面上，許多產生在執政與平民之間的現實差距與事實現象，以及所謂「本土文化」下的「公認」人文與藝術的價值問題等，它們到底受到多少的關懷與重視？

當葉倫・帝珊亞（Ellen Dissanayake）以藝術對於人類的意義，以及人類對於藝術行為等的宏觀角度，去看待「藝術」時，他曾經提出這樣的疑問：「當今，還有許多的社會中沒有字眼可以表明『藝術』，但同樣地，我們卻又如何呈現我們所無法認同之事物呢？」「當我們思考這樣一個問題時，藝術確實是一個古怪的事（實），但又是什麼理由致使我們熱衷於去搞出東西（藝術或民俗宗教）？我們不但不吝於使用各種修飾、美化、或出奇致勝的手法去指涉出現今的社會種種，我們還運用了一種自認為『唯一正確』的方式來達成（藝術）？」〈註三〉。

諸如此類，在台灣，許多對「文化」的質疑與設定，便共容共生地衍化出了今日多層面的所謂「本土」或「在地」的民俗藝術與人文模式。而事實上，當人們將近年間台灣百姓所熱衷參與之大陸湄洲媽祖神像來台出巡或大夥前往大陸湄洲進香的情事，當成是一種本土宗教的行動藝術（創作）來看時（在此不設定其為正數或負數），則其宗教文明背後的金身媽祖塑像，到底是何時之物的爭執觀點，似乎就已不是

重點所在了。人們所要關注的，反倒應該是湄洲媽祖何以要
（會）來台灣或是何以吸引台灣信徒前往進香的背後動機。這
一項民間性的宗教活動創作，是在尋求某種歷史文化差異下
的問題？或是在解決已經掌握的某種信仰問題？當本土宗教
文化學者將此一問題，視之為是一種歷史文化積澱後的必然
產物時，則「新」「舊」神明（像）對於當代活人的文化效
力，便是無謂的庸人自擾了。換言之，不管人們對於宗教的
信仰如何，當宗教一旦被視為有如主觀藝術的精神活動時，
則其難免會步上昔日葛林伯格（Greenberg）「先後矛盾說」
的荊棘之路。

　　葛林伯格於一九五〇年代即曾認為「藝術創作」是一種
「問題→解決」的過程，任何時期的藝術家都在企圖解決前
一個時期所遺留下來未解決的創作問題。他並且認為歷史史
觀是辯證式、直線式的（有如媽祖的神聖效力是「長」「幼」
有序的）。唯有在否定及超越前人所創造出來之既有形式，
即新的形式，才具有藝術史的價值。換言之，在有如父子傳
承的歷史推演中，藝術就像其他人類文明或物種的進化一
樣，晚近的一定會比前期的進步（有如現今才從大陸坐飛機
來的金身媽祖，必定神靈過昔日飄流過海來的木頭媽祖）。
也就是說，藝術史的發展對葛氏而言，是一部藝術進化史。
但是，葛氏的此一論述，在以「後現代主義」的觀點來重新
審度時，則其立論基點，應該很明顯地，已暴露出了其對
「時間」問題的思考漏洞存在。

　　在後現代主義理論中強調，藝術創作在時間上的

95

「新」，有些或許是來自於「舊」，但是「新」的並不一定
優於「舊」的(後來的未必一定優於先到的)。阿諾‧豪澤在
其所著「藝術社會學」中，就曾針對此一問題做了詳細的剖
析〈註四〉。在於時代平行的軌跡上，「新」、「舊」本身
的字面意義已經不再存在，唯一可以解釋藝術創作(藝術品
或民俗品)的價值觀意義、或是評斷其優劣品質的度量衡，
或許就是「適時」與「適切」的當代價值論，而並非是簡易
的進化論所可以擺平的。

　　而葛氏的論述之所以會出現如此的漏洞(在今日看來)，
其主要原因之一，可能是葛氏將一些與藝術發展有關(在今
日看來)的政治、經濟、科技、文化等左右著藝術發展的因
素，完全排除在外所致〔所謂的藝術自治(art autonomy)〕。
葛氏的理論可以說幾乎是完全建立在純粹美學的思考之上
的。而其實，後來奧利瓦(Oliva Achille Bonito)的放棄進化
論觀點──藝術並非有如科學應用，它不會經由不斷之風格
革新，而達到完美至善的境地。此即是在推翻葛氏的看法。

　　在過去，當人們在盛大的廟會祭典活動中，必須請出比
真人還大的七爺、八爺或是濟公、媽祖等神明的身像出街巡
視時，那些藏身在神像裡面負責扛行的善男信女們，事先都
必須經過一番與該神溝通的神聖儀式，才能上路出巡，而尤
有甚者，還得事先禁行周公之禮、齋戒數日，方能達到敬
神、傳神的神聖工作。但是在今日，人們普遍看到扛行眾神
像的壯丁們，卻是以沿街吐檳榔汁的「民俗」方式，來取代
神在我心的「神聖」儀式。這些人的行為模式是否就是反映

96

一種他們平時在現行的社會體制之下，所無法求得自我存在肯定的心裡需求狀態，於是就利用了此種不常有的「在地」廟會行為中，以一種可以在眾目注視的英雄氣氛下、行走於馬路中間的「神」性形式，來攫取自我肯定的補償？甚或是更自視為已經反身主導了「眾人社會」？壯丁們的心裡反應以為在主導了神明的前進路線，即是顛覆了那平日社會機制主導壯丁們的生活路線一樣。那只是一種否定公眾與個人社會關係的自我滿足心態而已，它早已非關「神聖」或「文化」了。

所以說，黑格爾即曾認為：人們總以為自己在主導一些事情，而事實上剛好相反，在許多的情況下，人只是成為完成該事情的一項工具而已。藝術家總認為自己在掌握著藝術的理念或行為，而暗自歌頌自己的偉大，但事實上，從以上的觀點視之，藝術家只是造就偉大藝術品或理念的一部執行工具而已。因為偉大的是藝術本身，而非藝術家本人——壯丁只是在執行神明的「移動」而已，壯丁還是壯丁，神明依舊是神明。壯丁不會等於神明。

因此，否定、顛覆或是民俗化、神聖化的行為，並不表示絕對可以產生新的「有意義」。在許多的情況之下，否定、顛覆、或是刻意神化，只會造成「沒有意義」的零和遊戲，只會毀滅了原先存在的定理精神，而卻無法建設新式的意義城堡。在過去，激進的現代主義者即視「否定」、「顛覆」、「造神」這樣的觀念或運動，為其創作的信條、利器。但是，在今日，人們可以從歷史的發展上印證（一九五〇

97

～一九七○），許多「前衛」的現代主義奉行者，即是因為過度抱持此一理念，而屢屢誤入歧途。所以在誠懇的「後現代主義」裡，就不存在「顛覆」與「造神」的主義信念〈註五〉。

不過，話又說回來，站在吾輩藝術創作者的立場，再從另一個社會學的角度來看時，當今公衆與個人的社會關係中之嚴重失調景像，反倒可能會是一種藝術家在創作上的無形刺激因子。西方社會過去在政治、經濟、文化中所出現的個人眞實情感與社會規範、或是個人生活與公衆關係之間的分裂傾向，便是造就許多學說、畫派出現的重大契因之一。而這也就是何以西方學者，會慣常以結合馬克斯和佛洛依德的理論手法，來逆向分析藝術家所弄出來的創作問題。

另外，在後現代主義藝術中，還有一項常被忽略的重要問題，那就是政治性與裝飾性之間的複雜關係——有如台灣廟會活動中的神聖性與民俗性的矛盾問題。詹明信對此就曾提出一個疑問：如果商品化（腳穿著美國名牌NIKE，口嚼著本土檳榔的神明軀殼）是後現代日常生活裡頭的一種主要核心經驗，那麼，爲何人們會認爲商品化的藝術（神像形式）不具有政治性（神秘性）的意味呢？對此，詹氏自己歸納出來的原因是：如果在「現代主義」中，一幅具有政治內容的畫出現了，那一定會是非常激烈的，但是在後現代主義裡頭，即使意識到了商品形式對藝術作品的滲透，但是人們仍然不致視其爲政治性作品（民俗心態在下意識中妥協了）。

簡易說，現代主義的政治性作品，讓我們感受到了整個

社會受到了強烈而嚴肅的挑戰，但是在後現代主義中，我們的那種感覺卻消失不見了。而這也就是爲什麼在台灣，當神聖性與民俗性相衝突時，人們會慣常以「俗」又「有力」的答案來作四兩撥千斤的自我解決。只是，「俗又有力」，總是完全地適切嗎？

附註

註一：Charles Horton Cooley, Human Nature and the Social Order, p.181.

註二：參閱風雲論壇，Sociology : Ouestion and Answer, p.366.

註三：Ellen Dissanayake, What Is Art For ? U of Washington Press,US, 1991, p.35.

註四：Arnold Hauser " The Sociology of Art ", tranlated from the German by Kenneth J. Northcott, Routledge & Kegan Paul, London, 1982, p. 80.

註五：參閱陳英偉「假設性後現代主義的虛實」，藝術家第二四〇期，頁三五五。

第六章
後現代主義中隱藏的「文化」問題

101

102

第六章
後現代主義中隱藏的「文化」問題

　　假設性「後現代主義」之所以會在現今如此這般地受人
青睞；又如此深刻地影響了人們的思想行為，其主要原因之
一不外是：在她那美麗多面的容顏底下，又藏有一顆善體人
意，且廣泛包容與多方共存的複合心地。而在其標緻身軀的
骨架中，「文化」又可說是一條貫穿全身循環的重要脈流。

　　因此，當人們在探討有關「後現代」的藝術問題時，其
整體社會變遷中的「文化」角色，便成了一處無可忽略的穴
點重地之一。

　　依據英國著名社會學者雷蒙・威廉士（Raymond Williams
b.1921）所言，「文化」一詞在十八世紀到十九世紀初期，
即已轉變成為本身自成一事的「個體」。而基本上，在那時
候它也已經有了四個基礎層面的意思。其一是：心靈的一種
普遍狀態或習慣——與人類之完美的觀念有密切關係。其二
是：整個社會裡的智慧知識發展之一般狀況。其三是：藝術
的普遍狀態。其四則是：物質、知識與精神共同構成的整個
生活方式〈註一〉。

　　如此，則今日當人們在探討有關文化觀念於藝術發展中
的角色問題時，其中有一項根本的假設往往被普遍使用並認

103

同，那就是：一個時期的藝術展現必然是密切地與當時普遍盛行的「生活方式」相關連。或是，可以更進一步地說：上述相關連的結果，便促使了美學、道德與社會判斷等事，更密切地息息相關而無可劃分。而事實上，此等假設在今日已經普遍地成爲一種定論，並且也成了人們的一種思想習慣。只不過，大部份的人往往因此而不復記憶：它根本上原是十九世紀的思想產物（其中馬克斯之說即是此項假設的重要典型形式之一）。

而在此一相同的名詞概念之下，弗雷克・詹明信（Fredric Jameson）更視「文化」有三種函意的解釋。第一是：「個性的形成」與「個人的培養」——是屬於新興中產階級的思想產物；是浪漫主義時期的概念；也是精神、心理方面的人格養成。第二是：「文明化了」（civilized）的人類所進行的所有行爲活動——說明了文化與自然是互爲對立的；是屬於人類學意義上的定義；也是社會性的。第三則是：詩、畫、音樂、戲劇、電影之類的活動——這些和工、商業之金錢活動是對立的；也和一般日常工作、生活相砥觸的，所以只是一種裝飾（decoration）。但是，很明顯地，在這第三類的解釋之中，其相互對立的元素（藝術活動與經貿科技）卻在今日的社會之中，被證明是彼此結合、共生一體的。因此，詹氏便曾提出了一個類似諸如這般的質疑：從「文化文本（text）」進入到「現代主義」之時，現代主義便已經明顯地分爲現代「純文化」和生活、科技上的「現代化」二者；而果眞如此，則藝術上的現代主義又是如何和日常生活中的現代化

「文化」相互結合聯繫呢？而它又是否確實存在呢？也或
許，從以上這個模式當中，我們可以很快地再向前推移到當
今的一項類似質疑：藝術上的後現代主義是如何和現今人們
生活中的後現代化「文化」相聯繫呢？

　　事實上，關於上述類似的問題，雷蒙・威廉士早在一九
六三年即於其所著《文化與社會——一七八〇～一九五〇》
一書中寫道：「……『文化』若只是光針對工業主義而發生
之觀念的話，那事情就會比較單純些；但是，事實卻十分明
顯地告訴我們：它也是針對了新的政治與社會關係、以及民
主這檔事而生的觀念。如此，就這層關係而言，它又是針對
社會『階級』的新問題而起的一種複雜、激進的反應之產
物」〈註二〉。因此，「文化」一詞的發展，可以說是確實
記錄了人們在社會、經濟，以及政治生活上的種種改變，以
及其所引發的許多重要與持續性之反應；並且更是影響到了
人們在藝術層面上的演變和發展。

一、被消費之中的「文化」個性與情事

　　在過去，康德也曾經將人類的活動分為三大類，其約略
是：一、實際上的；二、認識論的；三、美學上的。而從康
德以降，許多美學家、象徵主義者之所以持續歌頌「藝術」
與「美」的偉大，其主要原因不外是：它們與商業和科學（實
際上的和認識論的）的領域隔絕開來了。他們似乎是普遍認
為「美」與「藝術」是一個單純而無商品形式的領域。但是
不幸地，歷史的事實告訴我們：這種觀點在後現代主義中被

徹底革命、摧毀了。

在後現代主義之中，由於無邊際的廣告、形象文化、無意識（unconsciousness）等，都已經完全滲透進了資本本身以及資本主義的邏輯之中。而商品化的形式在藝術、文化、無意識等抽象的國度之中，也已經是無處不在、無處不藏的。而就從這個層面上看，人們確實是已身處在一個全新的歷史階段。「文化」在人們日常生活之中也因而有了不同的含意，它可謂是無所不包的。其中舉凡與工業生產有關或與商品有關的，甚至是政治層面的，都已經是被納入在現今「文化」的勢力範圍之內了。

當在探討有關後現代「文化」的「消費」個性與歷史事實時，澳大利亞著名的社會文化學者，約翰・道格（John Docker）即在一篇名爲「從拉斯維加斯到雪梨」的文章中，舉例指出：在從一九六〇和七〇年代當時橫掃世界各地的國際性現代主義之角度上來看，雪梨市裡那座有如船帆造型般的歌劇院（Opera House），是被當時成就非凡、高高在上的現代主義所否定的。（在今日看來，當時的「現代主義」確實是犯了「過度自信」的錯誤。）而達令港（Darling Harbour）本身，在大體上也是與現代主義的國際形式相決裂之後，並進而轉向去熱情地歡迎、擁抱了當地的本土性——一種涵蓋了多種民族與複合文化之歷史以及風度的思想、行爲〈註三〉。由此可見，一種獨立「文化」的精神「消費」，確實是足以深刻地影響、左右了一個國家或地區的人文軌跡與藝術風貌。

　　對此，或許可以再進一步地描述：過去人們將「文化」
定義在欣賞高格調的美術、音樂、舞蹈、戲劇等活動，而且
認爲其亦只不過是一種逃避現實的方法之一。然而，在後現
代主義思想中，「文化」已經是徹底大衆化了。存在「高」
文化與「低」文化（高雅、純粹的，與通俗、平民的）之間
的距離、縫隙，亦早已逐漸褪去、消失。政治化或商品化的
邏輯已經深刻地影響了人們的思維方式。這也就是弗雷克‧
詹明信在受到了尙‧布希亞（Jean Baudrillard）對後現代主義
文化見解的深刻影響之下，所謂的「無深層文化」（depthless
culture）〈註四〉。對此，詹氏即認爲後現代「文化」乃是一
種消費社會中的文化——晚期資本主義的後——二次世界大
戰階段。而在這樣的社會之中，「文化」經由了符號與傳言
的滲透，而被賦予了一種新式的意義範圍——任何存在於社
會生活中的事件皆可以被指涉爲是一種「文化的」〈註
五〉。

　　如此，再從另外的一個角度來看，後現代的「藝術作
品」和「理論」，似乎也都成了一種「商品」——因爲商品
化的概念確實已完全地進入了「文化」之中。但是這也並不
是意謂著藝術家或理論家可以（會或已經）以販售其作品來
致富；相反地，它是指過去的那種特定之文化國度已經消
失。並且，後現代主義的「文化」已經進入了人們的日常生
活之中；後現代主義的「文化」成爲了消費品之一。

　　在一九九〇年代以前，「丟棄悲觀主義」的念頭，其實
曾經被牢固地堅持了數十年之久；也曾經被徹底地粉碎過；

最後更是自然而然地斷失了它的威權性——這就是所謂現代主義大眾「文化」的正統觀念。而這樣的文化觀念在尙·布希亞與弗雷克·詹明信的一些極爲重要的著作之中被認爲：它的許多情狀和態勢也已經越入了後現代的今日之中〈註六〉。因此，在後現代的今日，我們似乎眞有足夠的理由，可以借用雷蒙·威廉士或弗雷克·詹明信等人對於「文化」的詮解角度，而向上從歷史的記憶裡，回證一九九〇年代前後，關於「文化」的諸多明顯事件。其中重要者例如：蘇聯共產的瓦解、匈牙利結束了官僚共產主義、波蘭也由民主勢力取得執政、捷克的共產政權倒台、北京天安門的民主運動、美國入侵巴拿馬、南非黑人民主領袖曼得拉獲釋、東西德的統一、尼加拉瓜桑定政權的沒落、海珊·胡笙併吞科威特的幻影破滅、美國與越南的重修舊好、翁珊蘇姬的重獲平反……以及，島內一九八七年李登輝政權的宣佈解嚴等等，這些都已不是一般傳統的所謂「政治」問題了，而是一連串典型後現代商品中的「文化」事件；也更是成了國際性「本土」藝術家們的關懷焦點。在一九八七年以後，台灣當代藝術界所興起一股針對所謂「政治」議題的創作風潮，就是其中很好的說明實例。

對於大部分的歐、亞和美國本土而言，後現代主義中的文化問題，已經是籠照了整個社會的脈動與走向。然而，在對於第三世界的國家、民族而言，則「後現代」並未成爲唯一的強勢主義；「文化」也非如此地受到重視。這是因爲在低度開發（指科技文明）的國家、民族之中（事實上，以人類

生命的原始意義、或神的意旨精神角度來看，「他們」並非
是低度開發；而「我們」也絕對不是高度文明。），「文化」
是具有多層不同意義與象徵的發展途徑和模式。也因此，無
可避免的，前述那般多層面的「文化」現象，便會在第三世
界、甚至有時會潛入「我們」的世界之中，交叉並存著。

　　而以上的簡單問題，自然也引發了吾人不禁質疑到：現
今的台灣本土，到底是蟄伏於哪一個方位之上呢？台灣的
「文化」問題，是否也已經從過去的朝夕面對小舟漁火，到
了今日的看盡車塵人煙？她，是否依然在於不斷的衝突之
中，尋逐著自身的「後現代」？

二、政治、文化與藝術的謊言

109

　　史蒂芬・貝斯特（Steven Best）和道格拉斯・凱諾（Do-
uglas Kellner）曾經宣告：「現代性」，產生了一整套有「執
法」作用的典章制度與金科玉律之論述；並且，藉此將現代
理論中掌控、支配社會的行為思想就地合法化〈註七〉。而
事實上，貝氏與凱氏的此等概念，其在很大的程度上，就和
德國哲學家裘眞・哈伯瑪斯（Jurgen Habermas）的所謂「合
法化」（legitimation），以及安東尼歐・葛蘭西（Antonio
Gramsci）的所謂「政治主導權」（political hegemony）有著極
大的相似之處。因此，當「現代」在構築個體化、工業化、
商品化、都會化、甚或理性化……等等之同時，卻也相對地
帶給了人類無數的痛苦與不幸。其中諸如：資本主義工業化
對農民、無產階級的壓迫、對婦女參與公共事務的權利剝

奪；以及帝國主義殖民過程中對某些種族的滅絕行為……等等。

因此，在今日高科技傳播的快速變遷社會之中，「後現代」理論的出現，儼然已被視之為是駐守在當代社會人文發展陣地的最前線了。然而，不幸的是，就在今日的台灣寶島之上，人們似乎看到不少擁有帶領台灣文化生機列車主導權的社會領航者，卻依舊是在昔日那「私自有利」的「現代主義」漩渦中翻滾而不願誠實以對。

在一百多年前，美國聯邦政府為了征服（奪取）西部阿帕契原住民的廣大土地時，所標榜答應讓那些反身投效美國部隊而充當軍伕的阿帕契人在戰事結束後，可以擁有四十畝土地與兩頭驢子的諾言，事後不但成了世紀的大謊言；並且還反將其終身關於監獄之中。在民主先驅的美國聯邦政府尚是如此；更何況是在其他亞洲的國度呢（例如：台灣）？筆者認為，「政治」，即是「文化」的另一種代名詞。因此，「政治」，是否也是「謊言」的同義複詞？

米謝・傅柯（Michel Foucault）在一九七四年即說過：「我認為在我們的社會之中，那『政治』的真正任務，是去批評那些表面上看起來是獨立且又公平正直的制度運作；並且去揭發那些藉著如此的制度運作，而實際上卻是在搞些隱蔽其自身的「政治」（文化）暴力〈註八〉。真正的「政治」正該是如此；而投身為那假相「政治」化身的「文化」而服務的藝術呢？是否也就不幸地等同於一種「謊言」的製造者？——事實上，藝術家對社會現象的「反映」、「憶測」

與「描繪」，其在很多的狀況（心態）下，皆是與「謊言」只有一線之隔而已，那就像是「色情」與「藝術」的老掉牙陷阱一樣。

　相似地，當吾人把台灣昔日「核四案」的社會現象，思考成是一種今日台灣的「文化」價值觀問題時，或許可以這麼憶度：假如當初立法院能立法一條核四案通過的但書權宜條文，規定在風景秀麗的貢寮核四園區範圍內，闢建一座高爾夫球場，以及建設一個新的「核四高官社區」，並且，從此所有的高官要人及其家人，必須全部強迫性住在「核四高官社區」裡面，以利每日陪著當地居民接收核能的天地日月之精華（如果因上班交通不便，那至少每週週末必須去「渡假」一次）。此外，所有的官界小白球活動，也一律必須在「核四高球場」球敘。假如，事實果眞能如此立法，那麼，我們的社會或許也就不需付出如此龐大的成本資源，來作爲「抗拒」「合法性」的社會運動了——「核四案」即可能早就自然流產。

111

　而事實上，吾人這般的假設，就是有如十九世紀法國社會學者依門‧涂爾淦（Emile Durkheim）所提出的「社會事實」的概念一般——在一個整體社會機制底下，總是存有許多不能根據個人（有民意基礎的官員）的活動、感覺、或是特徵來解釋的部份。因爲一個社會整體，並不就是各部份的總合（所有代言人的表決）——各部份之間還是會存有許多相互作用、互相關連之處，所以，也就會產生新的結構、性質、以及趨勢。也因此，涂爾淦便認爲，根本的社會實體，

是存在於團體，而非存在於少數擁有「合法」「主導權」的「精英」身上。

今日台灣的文化走向上，確實是不應該再由所謂的「精英」「主體文化」來領導，而是應該開放給任何一個「可感的實質結構（a tangible form）去多元發展，因爲在後現代的今日，就某一方面來說，任何一個「可感的實質結構」的存在，都是獨立於任何個人之外的。而在另一方面來說，它也自然地同樣會影響與限制個人的行爲機制。所以，人們根本沒有任何理由去拒斥這樣自然而又平衡的社會現象。作爲一個當代的台灣藝術家，吾人在創作的工作上，是否也曾經關懷到這樣一個「政治」的「主體文化」（dominated culture）層面呢？

112

三、抗拒多元性與虛假意識

「主體文化」這個名詞，其實又可稱爲「優勢文化」，而更爲正確的說法，應該叫做「文化霸權」（hegemony）。「文化霸權」的觀念，最早是來自於帶有濃厚共產色彩的義大利思想家格蘭西（A. Gramsci）。它是意指著社會中的支配階級以某種「意識形態」來控制社會大衆。

然而，在一般社會中，「文化」本就不儘相同，某些抱持著與「主體文化」的價值、傳統、規範或生活方式完全不同理念的社會成員們，他們的人格存在，就成爲了所謂的「次文化」（又稱副文化 subculture）。弱小的「次文化」通常在正常的社會機制下，並不排斥較大的「主體文化」，它

只是在某些堅持上與「主體文化」有所差異而已。然而，通常「主體文化」卻都會或多或少地壓制了「次文化」。而這一樁社會現象，在可貴的福爾摩沙島上，人們似乎看得尤爲清楚。

　　而事實上，「主體文化」也並非完全沒有天敵。在我們的社會中，仍有一種朝向與優勢的「主體文化」相對抗的「次文化」存在，那便是所謂的「反文化」。而通常「反文化」所想要達成的企圖，就是亟欲發展出自我的一套遊戲規則或是價值觀體系，並且，試圖抵制「主體文化」中的主體。社會學家桑敦（J. Zanden）就曾說過：「反文化」，拒絕了許多「主體文化」的行爲標準〈註九〉。但是它也無可避免地自我品嚐了不少負作用的後遺症；其事實例如：西方社會在一九七〇年代初期，許多青年(尤其是老美)，開始對「既存制度」（establishment）的「合法性」，產生了前所未有的不信任感，甚或是完全否定；並且，在社會生存的文化運轉中，更質疑了「一分耕耘，一分收獲」的老祖母教條。也因此，一大群年青人們，便走上了「濫用藥物」的路途，來作爲他們凸顯對既成(「合理化」)制度的逃避或反抗的年青心緒。

　　而關於以上的文化現象，在台灣，也存有許多「合法化」的「主體文化」，也有不少受壓制的「次文化」；當然，我們也有更多的「反文化」。然而，就在這三層「夾心」的「文化軟糕」中，台灣藝術家的「人格」，會是躲藏在哪一層的間隙之中，來執行自我的神聖創作呢？而那反映

藝術家「人格」的作品，又會是霸佔在哪一個層面上來修飾它的主人呢？還是那主人會乾脆摔開了作品，而直接從作品裡面鑽出來，爲鞏固自己的霸權而執行「革命」的宣言呢？

其實，傅柯就曾認爲「革命」的理念本身，就是一樁錯誤的基因，因爲在這社會之中，並不存在著所謂「偉大」拒絕或「正大」拒絕（great refusal）的焦點所在，也沒有反叛的領袖或反叛的總源頭，因此，便沒有了所謂的「革命的純粹法（原）則」。在我們社會中，若眞存有的，亦不過只是一種「抗拒的多元性」──每一樁事件都是屬於個案性的，而不是所謂的「共識性」〈註十〉。因此，在傅氏的後現代政略裡，他即是企圖粉碎傳統「總體化」的策略，而試圖形成抗拒的多樣（元）形式、並且企圖崩潰過去既有的認同（既成「合法」事實），並進而鼓吹各種多樣差異性的繁化自我存在。因爲，就像在今日台灣的文化轉盤上，人們幾乎無法用任何方法來謀得永續的「共識」，人們所能（需要）做的，莫不過是先說服自己去接納（認同）他人的多元存在價值。

然而，無奈的是，在台灣，人們看到了許多的「抵制」，更有各式各樣的「顛覆」運動。他們的角色繽紛複雜，他們各自所懷的目的也是風馬牛一籮筐。只不過，其中尚有足以堪慰的是：不論是工人、漁夫、商人、政治家，或是政客，他們所扮演角色與內心所唾涎的甜果，卻也都頗能直截了當，讓人理解。因爲他們所「說的」、「做的」，就是他們所要的。而唯獨不少自視擁有「偉大」任務與才華的文化家們（文學家、哲學家、藝術家……等），卻是經常「說

的」與「要的」不一樣。他們住在福爾摩沙，卻不愛台灣；
他們喜愛在文化市場中做「合法化」的買賣生意，卻不愛關
懷真正的本土文化生機問題。

　　在馬克思學說中，有一個稱爲「虛假意識」（false con-
sciousness）的概念，它指的就是在個人經驗產生的心理狀態
中，那許多來自錯誤的認知。例如：在過去的工業社會中，
無產階級的工人們並沒有真正的了解到，自己生活的困境所
在，並不是根源於「財富」的罪過，而是在於沒有掌握自己
的生產工具。在現今許多區域的社會中，就是由於這種「虛
假意識」的普遍存在（或是被教化），而致使得人們不能有效
地解決自身或周遭社會的問題。而在今日台灣的本土文化
「爭奪」戰中，身爲藝術創作者的吾輩「文化家」，是否曾
經自我反省過：自我的「虛假意識」到底是什麼？又躲在哪
裡作祟呢？

　　再借用哥白尼氏的革命原理來看台灣的今日「後現代」
社會現象——台灣藝術的哥白尼式革命：是我們在創作台灣
的後現代本土「反文化」藝術？還是台灣後現代的「優勢文
化」在創作我們？人們應該質疑！

115

附註

註一：Raymond Williams, Culture & Society 1780-1950, Penguin Books,
　　　Harmondsworth, 1963,中譯本，彭淮棟，聯經，989, p.xii.
註二：Raymond Williams, 中譯本, p.xix.

註三：John Docker, Postmodernism and Popular Culture—A Cultural History, Cambridge U., UK, Australia, 1994, pp.90-101.

註四：Fredric Jameson, Postmodernism : or the Cultural Logic of Late Capitalism, New Left Review, US, 1984, NO.146, pp.53-93.

註五：Mike Featherstone, Consumer Culture & Postmodernism, SAGE, London, 1993, p.15.

註六：John Docker, p.146.

註七：Steven Best & Douglas Kellner, Postmodern Theory : Critical Interrogations, The Guilford Press, US, 1991, pp.3,4.

註八：Michel Foucault, "Human Nature : Justice Versus Power" in Fons Elders(ed.), Reflexive Water : The Basic Concerns of Mankind, Souvenir Press, London, 1974, p.171.

註九：社會學：Q & A，彭懷恩，風雲論壇，一九九五，頁四九。

註十：Michel Foucault, The History of Sexuality, Vintage Books, N.Y, 1980, pp.95,96.

第七章
後現代主義藝術中的
「意識形態」問題

一、後現代「意識形態」
　　的出現原由與社會變
　　遷關係
二、後現代「意識形態」
　　與藝術家的創作關係

118

第七章
後現代主義藝術中的「意識形態」問題

　　即然後現代主義文中隱藏的「文化」現象是那般地廣泛多變，那麼，一種沉積在「文化」底層的重要結構基石之一——意識形態（ideology），也就會無時不刻地躲藏在藝術家的背後，俟機挑撥著藝術家本身與其週遭社會間的纏綿戀情。因此，生活在「假設性」後現代的今日吾輩藝術家們，便無法或無由再從容逃避著或掩飾著某種在創作上的「意識形態」問題。換言之，「意識形態」，又可以說是當代藝術家們，在創作上無可避免又必須坦然面對的一種極端「個人意識」問題。

　　在過去，絕大部份的人們認爲「相信幽浮存在」的人，是一種意識上的精神分裂症。但是，在「精神分裂症化」了的後現代今日，則是有越來越多的人們寧願相信幽浮的存在。這是一個非常有趣的轉變；也是一種典型的精神性「意識形態」問題。

　　「意識形態」，可以說是在馬克斯主義論述之中的幾道重要主軸之一。而它在今日，當許多學者在面對「後現代」的探討時，又再度成了人們論述舞台上的要角演員。因此，有關於「意識形態」一詞的分論探解，也就成了本篇文字中

不可或缺的一環。

　　難免地，有人會問：什麼是「意識形態」呢？「意識形態」一詞成為學理上的普遍觀念，最早應該是來自馬克斯無誤〈註一〉。而除了馬克斯對「意識形態」的傳統定義之外，當代的文化、社會學者弗雷克・詹明信（Fredric Jameson）對此也曾做了一個簡單的定義：意識形態是一種「中介性」的概念；是辯證法中所說的「個別」與「一般事物」之間的中介。所有的意識形態幾乎都包含了「個體性」與「集體性」兩個層面——或者是群體意識，或者是階級意識。而路易斯・阿圖塞（Louis Althusser）則引證：「科學」是一種論述，和「意識形態」沒有根本上的關係；而且也沒有所謂正確與錯誤的意識形態之分。「意識形態」是個體與它的現實存在條件之間的想像性關係之再現〈註二〉。

　　而另一種當代的觀點則認為：最恰當的體察意識形態的方法，或許不是將它當作是一套簡易的思想形式之價值觀；它很可能就是一種「再現形式」。不過，話又說回來，假如一切果真如此的話，那麼它便又和「文化」產生了關係。但是，這也可能只是一種「行為實踐」而已。倘若這又成立，那麼它便又進一步和社會學、人類學、心理學等有所關連了。

　　或是再挪換另一個較為簡易的角度來說，「意識形態」，是一種「意義」在階級社會中的社會關係。而這個「意義」，則是又包含了知識與意識（knowledge and consciousness）兩項。在最近代的「文化溝通學」（cultural communication studies）中，意識形態則又被視為是一種「不平等式」的再現（再生）社會關係之實踐（practice）；而這樣的實踐關係又是處在一種具有重大意義事物（signification）與言論（言說）（discourse）的勢力範圍之內〈註三〉。

一、後現代「意識形態」的出現原由與社會變遷關係

　　為什麼在現代主義之後出現了後現代主義呢？後現代又不是現代的進化改良嫡傳；現代與後現代也並非父子承傳的關係；後現代是與現代理念完全迥異的主義。因此，後現代中的這個「意識形態」是如何出現的呢？

　　在以前的「意識」，一方面會體現在歷史上，另一方面也會同時存在於個人身上。在歷史那廂，就成了傳統；而在個人這邊，則表現的就是記憶。但總的來說，在這個層面上，現代主義是傾向於兩手同時掌控著歷史傳統與個人記憶的。然而，在後現代主義之中，人們似乎只存在於「現在」。關於過去的感覺消淡了、歷史也躲藏起來了；它們都已化做一堆文本、檔案，封存的記錄都是現今不存在的時代事件而已。不過，後現代的這種主張也會有面臨自己迷惘的時候。因為人們相信任何的絕對形式、影象都不復存在，可是我們又不可能回到過去，那麼，我們現在到底是身處何方呢？該做什麼呢？又如何駕馭著自身或別人的意識形態而前進呢？

　　弗雷克・詹明信曾經視意識形態有如宗教一般，其皆具

有一個共同的特徵，那也就是如德國哲學家裘眞‧哈伯瑪斯（Jurgen Habermas）所謂的「合法化」（legitimation）現象（此爲目前社會科學中常用的術語）〈註四〉。其意指一個政權或是一個組織，總會使用某種形式的武力（暴力）來維持某種程度的秩序或規範，可是卻又不准他人使用此類相同的武力。所以這等行爲也就成了壟斷。可是再從另一方面來說，一個社會或機構之所以能運行不悖，其並非全靠這種被壟斷的制裁力量來維持，而是人們在很大的程度上，也認同了某種現存戒護秩序的制度。而他們之所以能夠（會）接受、認同這種「看似旣成」之制度的約束，其也並不是完全恐懼於自身若是反抗了此一約制，就將會受到制裁。而是因爲他們在無形之中，已經相信了某種「看似旣成」之社會典章的存在，是確有其合理的基礎因素在。

因此，諸如這般的「制度」便成了「合法」的了。然而，話又說回來，從以上的定義反推，則沒有任何一個制度是絕對天賦合法的。所謂合法的（現存被認同的），都是經由了有形、無形的教育（說服）而使人們去加以接受（承受）。這是非自然的。但是很奇怪的，它又能在整個大時空的「感化」之下反成了自然。這樣的關係推論確實是有些複雜的。因此，也就難怪「後現代主義」能如此這般地在從五〇年代，甚至四〇、三〇年代時期，即開始在「現代主義」牢固的陣營之中逐漸滲透、潛進，最後在七〇、八〇年代中，終於水到渠成、洩洪千里，一時間便成爲一股主導西方社會秩序遞進的「合法化」大宗意識形態。換句話說，「後現代主

義」的「意識形態」已經完全取得了安東尼歐・葛蘭西（An-
tonio Gramsci）所謂的「政治性主導權」（political hegemony
）〈註五〉。

　　然而，事實果真如此，那麼後現代主義中的「意識形態」對於藝術家們的創作，又會存在著何種親密的關係呢？它又足以產生什麼樣的影響呢？諸如類似的疑惑，在挺進到了繪畫上的抽象表現主義運動之後，也確實曾經再度找上了當時的「前衛」藝術家們而糾纏不清。只不過，後來他們很幸運地理出了「超寫實主義」來加以草人脫身、另造桃花源。但是，今日的「後現代」，則似乎仍正處於一團炙熱情奔的火球之中而悶燒難消。

　　後現代主義的藝術創作到底是屬於藝術家對於時代運轉下的反映？還是藝術家先提出質疑、預言、揣測或是宣告而來引導社會的行進呢？這個問題就有如弗洛依德所說的「哥白尼革命」式的論點一般：人們知道一年有四季、有白天也有夜晚。但是，這到底是太陽繞著地球跑？還是地球圍著太陽轉呢？哥白尼曾明白指出：「太陽繞著地球轉」這種感覺是一種「假象」（當然，這個簡單道理在今日已是童叟皆知了）。那麼，藝術家在創作背後的意識形態與其社會變遷的關係又是如何呢？牛頓發現地心引力和馬克斯發現歷史與社會發展的規律「現象」，諸如這些歷史的事件，可以對後現代的藝術家們提供哪些思考上的新方向呢？而在「現象」背後的本質，往往又與現象本身不一致嗎!?我們一定得要找尋隱藏在「現象」背後的規律才能理解和解釋現象嗎!?

　　關於以上這些問題的答案，在過去，似乎是普遍被認爲是肯定的。但是在今日，則似乎又有許多否定的看法存在。其中的緣由乃是因爲「意識形態」問題，已經強力而全面地介入了人們的日常生活之中。這是一個不容忽略的事實。

　　人們可以回顧五〇年代初期的美國本土，那是反共主義正興旺的時代。但是到了中晚期以後，就出現了一股強硬的右翼勢力，而這股勢力彷彿視法西斯主義、共產主義都已遠離了美國；他們認爲他們所身處的是一個全新的時代，舊有意義上的「意識形態」已經褪隱、世界也開始進入了沒有階級鬥爭的階段〈註六〉。這現象說明了傳統的「意識形態」已經不再是主宰生活的唯一作用物，人們開始生活在以「文化」爲帶動主軸的時代；而不是傳統意識形態起惟一作用的時期了。而美國在五〇年代的這種觀念轉向，確實是開啓了人類對「生活」與「環境」的新思想。昔日爲「固執」意識形態而引發的戰爭不復存在了，共產主義國家也逐步踏出了門外，來嗅探民主世界的經濟甜果；區域的利益合作、共生共榮，也就成了後冷戰的新局勢。諸此，也都似乎先後證明了我們今日確實是生活在一種新「意識形態」的後現代「文化」之中。

　　此外，另一股在十九世紀末期廣爲流行的「社會達爾文主義」（其實是一種意識形態）在經過了幾次的翻滾之後，近年間，又似乎重新在美國出現，這即是所謂的「社會生物學」。社會達爾文主義將達爾文對於生物演化發展的觀點，導入了我們的歷史和日常生活之中，並且將「適者生存」的

124

概念注進了我們的歷史觀念之中。他們似乎相信，人類一整套歷史的變遷就是適者生存的寫照。這種社會性的「意識形態」，在無形中便又附和了馬克斯的階級鬥爭論。只是，在今日，其作用的張力強弱稍有不同而已。

　　事實上，「社會生物學」的觀點，講明了就是贊同社會中不適者就應該被滅亡。也就因為這樣，社會達爾文主義變成了一種在資本主義之下自由競爭的「意識形態」。而這種競爭的意識形態，又自然而然地成為許多人在企圖保護自己階級地位或是既得利益的嚴正言論。然而，相對地，假使我們願意將這一套理論（其實又稱偽科學）搬移到藝術界來探究所謂創作風格之主流的形成諸因時，則很明顯地，它似乎又馬上展現了某些層面的正數效應。

125

二、後現代「意識形態」與藝術家的創作關係

　　或許，有人會質疑：當代藝術家的創作，為什麼總是要（會）與生活結合或關懷社會？為什麼當代藝術家必然會（要）存在著意識形態？而藝術家的藝術創作，又為什麼要去搭上許多「非藝術」的「雜事」？事實上，在假設性後現代的今日，一位有使命感的當代藝術家，不論其是主動或是被動，都是很難避免去觸碰到所謂的「純藝術」以外的事物。也因此，一種關乎「內省」與「先驗」的精神性活動——意識形態，也就更避免不了會去撼動當代藝術家們的各種創作。所以，不論是創作扭轉了意識形態，或是意識形態駕馭著創作，絕大部份今日的藝術家們，都是難以拒絕「意識

形態」對其創作的深情搭訕，有時甚至是瘋狂的熱戀、糾纏。而「意識形態」這個抽象的「東西」到底是怎樣地影響藝術的創作呢？這恐怕也是一個更爲抽象的疑問。弗雷克‧詹明信對於此一「主題」（subject）也曾經對自己提出了幾個問號。可是他卻又不曾在節骨眼上正面地回答「是」或「不是」（Yes or No）。詹氏在其「後現代主義與文化理論」（Postmodernism and Cultural Theory）論述中，對此問題似乎是刻意地留下了幾道伏筆，好讓讀者自己去觀想。而於對以上的問題，筆者則願先嘗試以蘇聯的變遷爲例做說明：

　　蘇俄自一九一七年的十一月革命成功而推翻沙皇政權以後，列寧的共產主義就迅速抬頭，並宣稱帝國資本主義即將死亡。此後，蘇聯共產便與外界的資本主義展開意識形態上的長期對峙。而就在此種以意識形態領導生活的社會中，蘇聯藝術家們的創作風格，便基於許多主、客觀的因素，而傾向於爲共產主義奉獻的蘇聯特有「寫實表現主義」。這種情形維持了長達數十年之久。一直到了蘇聯解體以後，「意識形態」的角色才在人們對外界的好奇探知之下，逐漸轉換至與其自身生活更息息相關的商品「文化」方位之上。

　　確實，一國、或一區域的某項強勢意識形態（或社會文化）的出現，就會主導著其藝術在表現上的發展。再舉台灣與澳洲的過去情況做比較：

　　在台灣，由於歷史上認知的意識形態所致，從「五月」、「東方」畫會起，以至進入新世紀的今日，所有所謂「類印象派」的作品（前輩畫家例外），幾乎很難登上所謂

純藝術界的（非商業藝術圈）大雅之堂。此一背景因素，主要是受到二次大戰後，台灣對美國的依賴關係所致。或是再說得更爲清楚些，也就是戰後美國經由了第七鑑隊對台灣的協助防衛，而強力地輸入了殖民式的國防、經濟、文化等所致。而從此之後，美國在六〇年代前後階段的「現代主義」藝術，就成了台灣藝壇革命精英份子的無上宗師。這種情緒化的歷史意識形態，一直持續到了八〇年代，都還是很明顯地反映在台灣藝術界的創作走向上。

到了八〇年代末、九〇年代初，上述顧盼歐美臉色的情結，才因「本土意識」在過去幾年中的長期蟄伏、發酵所致，而大幅地改觀、蛻變。只是，這種改變，也大部份都尚屬於作品內容的指涉主題轉向到本土社會文化而已。至於在傳達內涵的手法、思想與途徑上，則還是有不少的藝術家們搭附著歐美的幾道特有主流而行。當然，令人欣慰的是，這種情況已經又有了極大的轉變。（不過，這也已經令某些人士開始擔心、質疑：這是否是受到了台灣藝術市場的不景氣所左？私人畫廊的交易疲軟，促使了藝術家的創作轉變？還是，藝術家原本就非追逐熱絡的市場歡笑，只不過是，今日的成果，更讓人深覺其比過去更爲忠懇且紮實的創作？）

致於在澳洲的情況，自從澳洲政府解除「白澳政策」以後，一種揚棄「擁抱日不落國」的思想開始潛伏生根。這種情況一直到了過去的三十年間，多種複合民族的政策，又再次升高了自我「澳洲」意識的強化領地。這種循著歷史、依著地理而從生活之中找尋自我文化認同的民族工作，就一步

127

步地對準了澳洲本土的深層，日復一日地往下挖掘、栽種。
尤其是在晚近的這幾年間，澳洲的文化界更是嚴肅地思考到
大英帝國對自己的實質關係。他們發現了：那似乎只是存在
於過去殖民上的一種輸血關係而已。至於民族情感、民族文
化的結構關聯，已經徹底改變了昔日放逐時的主僕關係角
色。今日的英國，還是他們自己的「大不列顛帝國高尚優秀
民族」；澳洲，則早已經是多重複合的區域民族了。因此，
一股製定澳洲自我國旗（丟掉皇家米字符號）的意識與行動，
於焉熱烈而積極的展開。（當然，這當中也受到了某些依舊
以英女皇為光榮象徵的老一代澳洲人們強烈的反對與批
判。）

這種付出數十年光陰找尋自我文化定位的民族（複合民
族）工作，很明顯地就表現在澳洲的藝術家作品之中。一種
脫離政經、文化殖民的民族努力、一種不再啃吮大英皇母乳
頭的斷奶喜悅，在在讓澳洲的大部份人民意識到了：生活就
是文化；劣質的先天條件，依然足以強壯為區域的大國文
化。昔日被「大不列顛帝國高尚優秀民族」視為有如莫名動
物（袋鼠）一般的原住民，不但不是一種劣等的社會恥辱和
累贅；相反地，那更是他人所沒有能藉以相互滋養的文化深
潭。所以，假如人們願意回顧澳洲近代美術史的辛苦發展歷
程，則很清楚地，我們發現了五〇年代以前，澳洲的美術主
流尚是齊步踏著歐洲的潮流步伐而行。但是到了六〇年代以
後，則明顯地轉向了「不歐洲」也「非美國」的奇異風格。
其中尤其是一些來自東歐及南美洲的第一代移民藝術家們，

128

在和澳洲本地英國血統的澳洲藝術家們參雜共生以後，更是表現出了「很不澳洲」（非英國色彩）的澳洲現代繪畫風格。

　　此類的情況到了八〇年代以後，更是全面性地結合了澳洲原住民的社會文化表現，而形成了一股澳洲特有的當代藝術風貌〈註七〉。而這股新興的當代藝術也在國際的大舞台上，很快地佔有了自己的一席之地。而究其原因，其不外是：凸顯「自己」的特有天賦文化與生活，才能有別於他人的所謂主流文化（因為「主流」永遠是別人的）；身負獨立意識的藝術表現，也才能夠昂首出眾於云云衆生的藝術江湖之簡單原理。澳洲藝術界，就是在這種拋棄殖民奶嘴、往下探索自我的多年辛苦過程中，攻下了世界藝壇上的一座基地灘頭堡。也因此，澳洲在近年來，便能夠展現「雪梨雙年展」和昆士蘭「亞太三年展」等大型展覽的國際藝術活動實力與號召力。

129

　　從上述類似的原點，再證諸台灣當今的社會與藝術發展關係。則臺灣在二十世紀末的當代藝術家創作，可以說絕大部份都是銜扣著「政治」主題而生。而在有關「政治」的主題之下，又自然地分出了幾道有關消費文明、本土文化、女性主義等的主要支流。而這股渠狀般的藝術分佈，就是台灣特有「意識形態」影響之下的產物之一、二。這也或許可以再說得更清楚些：台灣這個因歷史傷痛而產生特有的「意識形態」，其實，就是弗洛依德所謂同心圓的「積澱」作用之下的產物。而這樣的歷史積澱產物，又衍生出了台灣目前新世紀人們所能輕易看到的「物化」藝術風貌。只是，造就這

個藝術風貌與性格的真正「意識形態」，又已經在逐漸轉變之中了。

再換個角度來看，在台灣今日的商品消費時代裡，絕大部份的人們，都是生活在「消費領地」（consumer territory）裡的。因此，只要人們仍然需要消費，那麼「什麼樣」的意識形態，似乎也都已經不再那麼地被在意了！而這就有如夕爾多・阿多諾（Theodor Adorno 1903-1969，法蘭克福學派）所謂的：商品本身，已經是它自己的意識形態了〈註八〉。而這也正是台灣逐步轉型的意識形態中，一種當代文化性格的一環。

又按照馬克斯主義的觀點，每個人都會有自己的階級地位與職司。例如：一位賣肉粽的路邊攤老闆，可能不會想去知道蝴蝶為什麼會在最美麗的時候死去？一位廟宇的住持，也可能不願去了解為什麼地球會有引力；或是一位藍領階級的台北地鐵工人，不會想去知道畢卡索的立體主義震撼在哪裡？但是，唯獨藝術家的作品，卻會（可以）去觸探到各方的領地。只是，在某些不同的區域之中，藝術家們會在很大的程度上，受到某種「主流」「意識形態」的影響、或是某種潛（下）意識（subconsciousness）文化的認同，而有了傾向某個「現象」的創作出現。而這個傾向，又會隨著藝術家潛意識的意識而隨時修正或改變。

只不過，話又說回來，這世上從未有人真正見過這所謂「意識」到底長什麼模樣。也因此，我們根本無法透過「意識」來反省或搜尋下一個「潛意識」的方位或目標。這就類

似弗洛依德所認爲的，我們的意識不再是世界的中心。而就從這個推理上看，「後現代主義」的藝術家們，註定是要比「現代主義」或「古典主義」的藝術家們更爲痛苦的。這是因爲：他們通常都會應用了許多典章、理論，把眼前所看到的現象拆解（解構），可是，他們卻又往往在拆解後的重組過程中，發現了自我的意識和理智並非是世界的極中心；他們憂心別人製造了社會的種種亂象，卻也同時不安於自身的失序受到別人的析透。人們在解構了他人與自己的一切之後，回過頭來，對於「自我」的認識，又反成了是一種對自身的羞辱。這也更像極了弗雷克·詹明信所曾經提過的：相信達爾文的進化論，是對自己的侮辱；相信馬克斯關於歷史的社會階級說，也是一種對自我的羞辱。這些都是令人痛苦萬分的；也都是後現代中「意識形態」的矛盾苦痛。

131

　　總之，從「意識形態」的一路糾結中，藝術家們似乎可以從以上的幾道分析之中得知：「現象」往往只不過是一種反映（或製造）意識形態的假象而已。藝術家們透過了這樣的分析之後，便可以使眼前所見諸多雜亂無緒的現象「非神秘化」（dis-mystified）。而如此一來，則當「人」（藝術家）以自己作爲一種主體時，我們便會驚覺到自己的渺小、也意識到自己的眞實地位；更能看清自身的創作問題。而這也就是詹氏所謂的「意識形態分析」的重要性之所在了。

附註

註一：Key Concepts in Communication and Cultural Studies, JohnHartley, Danny Saunders, Martin Montgomery, John Fiske (ed.), Routledge, London, 1994, pp. 139-140.

註二：Louis Althusser, Ideology and Ideolosical State Apparatuses, in Charles Harrison & Paul Wood (ed.), Art in Theory, Blackwell, Oxford, 1993, pp. 928-36.

註三：J. Hartley, D. Saunders, M. Montgomery, J. Fiske (ed.), pp. 139,140.

註四：Jurgen Habermas, Modernity-An Incomplete Project, in Hal Foster (ed.) , Postmodern Culture, London, 1990, pp. 3-15.

註五：J. Hartley, D. Saunders, M. Montgomery, J. Fiske (ed.), pp. 133-135.

註六：這種心理反應表現在大衆的消費現象時，則出現了另一種面像的享樂主義。美國汽車界在當時生產了許多有鯨魚掠翼般的超大型豪華轎車就是其最佳的寫照。

註七：原住民繪畫其實並不能稱爲「藝術」，因爲繪畫在其社會中，只是一種記事、或精神上的活動而已。在原住民的原始社會中，不存在有「藝術」的定義；「藝術」是道地資本主義社會下的所謂「文明」產物。

註八：Mike Featherstone, Consumer Culture & Postmodernism, SAGE, London, 1993, pp. 14, 15.

第八章
辯證的困惑

一、困惑的「中心」與
　　「去中心」
二、有關辯證的陰影
三、易被誤用的辯證困惑

134

第八章
辯證的困惑

　　在過去，當中原的道統「國畫」，跨海盤踞了島內的先
民文化時，「在地」的藝術，就被矮化成了主流邊緣的民俗
配角。那是一種歷史的遺憾。而當「前衛」的「現代主義」
被引進到台灣時，傳統的水墨畫或是「類印象派」之流的作
品，也曾經受到了無情的批判。那也是一種令人難以申訴的
委屈與偏失。晚近，當「後現代主義」瞬時間衝向了島內的
文化藝術界後，「後現代」，又似乎有樣學樣地「對付」了
「現代」。這又是另一樁無理的「合法化」模式下的產物——
——以一種看似真理的歷史規則去「合理」地鬥爭了先人前
輩。因此，如是這般的思想行為，都可謂是明顯地違反了阿
諾・豪澤（Arnold Hauser）在「藝術社會學」上的一項定理：
「晚後出現的（藝術）理念，不必定都會（就）是優於先前的
（藝術）理念」〈註一〉。

　　誠如許多西方的「後現代主義」學者所言：「後現
代」，並非是當今的唯一真理，或是唯一的完美化身，因
此，現今從事「後現代」的藝術理論者或是藝術創作者，其
也並非必定就是優於從事「現代」藝術的工作者。相同地，
從事「現代」或是「後現代」藝術之創作者，其作品也並非

135

就是贏過所謂的「保守」水墨或是「風景」、「靜物」之畫者。通常一項藝術理論或是一件藝術作品的勝王敗寇之論，其在很大的一部份上，應該是定奪於它是否能「合時得體」與「適切傳達」藝術家個人的「自我」意念，以及其意念本身的正面價值是否堅固。而非只是定位於其一介「主義」或「形式」的名詞不同而已。

所以，在我們的普遍藝術生態中，絕大部份以「辯證」手段（法）為某特定（或自我）理念開疆辟地的慣性行為，便值得現今的人們再去仔細地思考其「習慣」的準確性與合理性——甚至是其「合法性」。因為，今日的「後現代」的辯證，依然是存在著不少令人惴慄難安，甚至是自暴其短的困惑。

一、困惑的「中心」與「去中心」

當傑克斯・德希達（Jacques Derrida）以其「去中心結構」（decentering structure）的著名理論，闡述符號意義的多重自由運作（free play of signs）、以及「書寫補足」（supplement of writing）的定理時，也曾經對「結構主義」提出了嚴厲的批判；並且同時宣稱，「結構主義」的「中心」並不存在。而德氏所指涉出的「結構主義」漏洞，其基本上就是指此一「中心」說的存在問題；而此一「中心」，又是傾向於「形式」的方向〈註二〉。但是，其中值得注意的是，德氏在自己廣泛的嚴密辯證中，卻也似乎出現了一道不設防的脆弱地帶。其乃因為，德氏認為，在沒有規限的運轉結構中，

136

任何「符號替代者」（sign substitution）都可以作成不同的可能詮釋。因此，此一「結構」就沒有了中心點的依據。但是，就在這個語意認知的場域中，德氏又似乎沒有交待清楚其所依據的棋盤推演，是以類似一度空間的「點」為基礎單位。因此，當在還原了其自身的推理之後再向外擴衍時，則此一「結構」就會不斷地向邊境竄流，而逐漸形成了具延展空間性格的「線」，而那些無數的線，便又構成了各種不同位移的「面」，而最後，整體的點線面諸要素，便總結成了三度空間的「體」。如此，則其所強調不存在的「中心」——「任何詮釋都成為可能」的小組織，便會以「小集團」的方式組成了一個所謂的中心「地帶」（或可稱為「場域」）。

而就從對現今幾位知名「後現代主義」理論者的論述之推理經驗來說，筆者傾向於相信：德希達所擺開的這一道「不設防的脆弱地帶」，其在很大的程度上，似乎就是德氏有意設下的「空城」陷阱。而其背後的主要動機之一，就有如其他「後現代」立論者所經常出現預留的伏筆一般，進可攻，退可守；使自己永遠立於不敗的「大後方」——在對手的陣地裡廝殺作戰，而自我基地內則力保風平浪靜。而這也就是造成了許多德氏擁護者在尚未深慮、探底的狀況之下，即引用了其「去中心」的語句之後，不得不無奈地承受那來自於外界的討伐與那源自於本身的委曲的主因之一。

事實上，在一般中文字義的理解上，「中心」與「主旨」，確實是易於讓人將其劃上等號。但是，在德希達的語意內涵上，所謂的「中心」與「主旨」，本是有所不同的。

所謂的「去中心」（decentering），並不等同於「無主旨（無意圖或是無主體）」（non-aim）。是故，上述對德氏「去中心」的逆向解析模式，或許便可以再更進一步地藉由宇宙中的星際形態，來作爲比喻推理，而使我們能有更加清晰的概念認知：

德希達所認爲「結構主義」中不存在的「中心」說，就好比是宇宙的星際中，確實沒有中心的「星點」存在一般；但是，在不具有此點狹義「中心」的泛結構中，卻明顯地由許多的「可能」（或是眞實）之星點，集結成了自身結構之中的小聚落。如此，則在沒有中心「星點」的浩瀚星際中，便就出現了由無數「可能」（或是眞實）的星點（主旨、意圖或是主體）所共同組成的「星河」地帶—— 一處在無邊際結構中，廣義存在的「中心」地帶「體」。

承然，基於不同社會結構與歷史背景的區域性意識所左，有肯定「後現代」的存在之說；亦有視其非存在之論。但是，今日不論其爲存在、非存在或已死亡，一種後現代成型前期的外圍認知——類似後現代主義本來具備的「去中心化」的性格之言說觀點，其事實上已在七〇年代末期就受到了西方藝壇的多方質疑。此乃因爲，其所謂「去中心」的性格，乃正是假設性後現代主義中，所具備「多元中心化」的嚴謹個性。而這也就是如伊伯・哈珊（Ihab Hassan）在《後現代的變動》中，第三章節裡所述的「後現代景象中之多元性」的問題〈註三〉；亦即是假設性後現代的複次元現象之表徵。

　　所以，對於上述的疑慮與困惑，當代社會學家，麥克·費諾史東（Mike Featherstone）就曾做出這樣的提示：「後現代主義是對廣泛性的藝術習規、社會科學，以及人文戒律等感同興趣的。其乃因為它指引了我們的注意，並進而對當代文化做了某種取代與改變」〈註四〉。在此，吾人應當思考其「取代」與「改變」的語意。費氏是否已意圖暗示了「後現代主義」之中，某一個向度的複次元「中心化」之廣泛存在的事實？或是，再以此一普遍性的推理論述，來印證台灣近十年中的藝術發展轉變，其是否也已經明白地告訴了我們那「諸多我們所關愛的本土藝術的今日景象之前因與後果」？

　　其又如紐約大學「歷史與哲學」教授，德內·庫斯彼（Donald Kuspit）之言，當庫氏在探討有關「後現代主義」的歷史意義時，亦曾語帶玄機地描述指出：所謂「後現代主義」，已經被形容為有如對歷史下定義的歷史家，他們在返覆考古的世界裡，總是顯露出其所堅持對時代性的「主體」思想〈註五〉。這又是針對不斷變遷、修正之中的「後現代主義」所做的另一項新解。而它，是否也間接肯定了「後現代主義」在歷史循環遞進中，所擁有很深程度「具中心化」性格的特殊多元個性──在一般的區域性與現時性之內？

　　顯然地，在西方社會裡，即使歷經了幾次翻滾的人文革命之後，在假設性後現代的今日看來，一切的現象、學說或事實，都似乎只是「假設性」地存在──包括「假設性」的假設性後現代主義。因此，今天，當一位獨立性藝術家在面

對自我某定向、定時之藝術創作時，其也似乎只要掌握住自
身對其藝術命題的「假設性存在」之部份即可，而無關乎任
何制式的主義或學說〈註六〉。此故，當藝術家在透過自己
對自我藝術的進行時，即近似於文學家、科學家們透過文
學、科學的表達一般，在其以藝術作品權充媒介，而傳達或
坦白了自我的認同之時刻，其便已尉成了當代多元藝術行為
的另類廣泛中心地帶。

二、有關辯證的陰影

在過去，「現代主義」（社會、文化）在很大的程度上，
其所企圖表現的是「絕對」——最終的真理，並藉此以改變
人們的生活，使生活趨近於某一個方向發展。因此，乃有一
派評論在解釋現代主義的藝術時，謂其彷彿是，企圖在沒有
宗教的社會中，極欲成為一種宗教。而這個概念，也就是弗
雷克‧詹明信所常言的「烏托邦色彩」。在這種烏托邦領域
中的文化風格，其實際上的意義就是：一種「美學」意義上
的藝術，但是，它卻又希望能超越美學本身。因此，現代主
義的文化藝術，也就從彼時起，開始自我批判和反省其自身
固有的局限之所在。

而事實上，現代主義藝術家，常常思考著其想創作一幅
「畫」，但又謂其不是「畫」的情結，即是以上那般共通傾
向之寫照。而對於這樣的比喻，吾人或許可以再從詹氏的一
篇名為「表現之解構」的文字申論中〈註七〉，探尋歸納出
詹氏自我的一套有趣思考模式。詹氏認為，現代主義藝術使

用的是傳統的媒介，可是卻又偏偏想藉著這樣的媒介來超越媒介本身、以及去批判媒介局限性的罪過。而這也正是現代主義繪畫中，很明顯出現的自我否定之個性傾向。所以，在基本上，現代主義的這一層個性，也就是一種資產階級的概念、更是一種典型的「辯證」。

而在近代辯證法中，就出現了兩個重要的名詞──「現象」（phenomenon）與「本質」（essence）。它們是不相等的。人們無法從現象（或作品的表面）中，直接下手去正確地判斷事物。因為，人類的社會歷史或是生活的現象，都是必須經過破譯之後才能被析透的。易言之，就是必須在內在規律和內在本質上先找到合理的解釋。只是，此一說法，確實也仍然存在著許多矛盾與盲點。

或許，有一大部份的人會認同，現代主義的藝術作品，是可以像解讀金庸或是古龍的武俠小說般地一路解釋下去。這種解釋，是沒有盡頭的。但是，這對於後現代主義的作品而言，則又是有所不同的。就在詹明信的認知裡，後現代主義的作品，雖然有如百科全書般的廣闊視野，但其基本上，是沒有什麼好加以修辭解說的。其也確實，活在今日的人們，與其要去一招一式地釋析後現代主義作品的武功，還不如去深刻體驗後現代作品背後（作者）的精神與現象。因為，後現代主義的藝術家們，其似乎都已經把全部的內、外功力與招數意義，平鋪直述地裸呈於作品之中了。人們（藝評）若想再帶上夫子的眼鏡而去尋找「現代」的意義，則在今日看來，其也似乎已經無多大意義了。而事實上，現今人們所

141

熟悉知曉的所謂「後結構主義」理論，其在很大的空間裡，也正是在針對「解釋」的一種抨擊。

此外，在「後結構主義」論述中，黑格爾和馬克斯，可以說是最明顯不受歡迎、甚至是被放逐的兩位。其原因是，他們都鼓吹人們進行辯證解釋。馬克斯與黑格爾都咸認存有「現象←→本質」；「內←→外」的對立關係。但是，當代的理論家卻認爲那是多餘、不必要（然）的；他們注重的是看得到的實踐行爲和「文本」本身。所以，在今日多數的西方社會中，不論是傳統馬克斯、非傳統馬克斯，還是反馬克斯或反黑格爾，其都已經普遍存在著拋棄這種「解釋」的傾向。

是故，有一種所謂「西方馬克斯主義」的論述，就是指那深受埃爾・盧卡奇（Geory Lukacs）影響的德國法蘭克福學派〔如夕爾多・阿多諾（Theodor Adorno）、賀伯特・馬庫色（Herbert Maccuse）、瓦特・班雅明（Walter Benjamin）等人〕。而在法蘭克福學派馬克斯主義的理論之中，即存有一個特點，那就是：將佛洛伊德的理論馬克斯化了。換句話說，就是在馬克斯主義理論中注進了「欲望」、「滿足」和「隱抑」等概念。因此之故，昔日的「辯證方法」，在現今複焦點表徵的後現代論述中，便無可避免而又極度明顯地在某些方位上，赤身裸體地撞上了圍堵於其四周但又無法穿越的銅牆鐵壁。而這也逼使得其不得不即刻進行自我條件的調整與修正。

三、易被誤用的辯證困惑

142

　　就基於對當代「假設性後現代主義」精神的「假設」，今日台灣藝術的美學支撐，其確實是仍舊左右搖晃於所謂的「國際主義」與「本土主義」的兩端之間，而終日難以釐清那有如婆媳般的世代身份之爭。（事實上，此乃非「兩端」之別，而實是互為「裡外」之實）。因為，在最基本的後現代概念中，昔日阿娜多姿的封建「美學」，可以說早已經是成為了被「斷交」了的倩女幽魂一般〈註八〉。而更何況，當代藝術家創作的瞄準對象，原本就是先經由自我本身出發，而後再及於某處形而上或形而下的社會生活（或意念）。至於外圍觀者的辯證反應，則已經是屬於另類的困惑輻射了。因此，當藝術本身的「實質」，被假設性地定義為是：對創作者自身的優先價值意義時，則那後現代主義的當代性格，便可能「反去中心」地多角化自然存在。而就在此種正、負只為一線（念）之隔的情況下，不論是藝術創作、或是藝術評論，一種「耗盡式」（exhausted）的辯證困惑——「只要我喜歡，有什麼不可以」的膨脹意念，就將會使得一切藝術喪失了主觀原則和客觀標準。如此，則後現代主義終將被人誤導、誤用，甚至是被潛化為一種以「自由——無知」、「解放——渙漫」戰勝一切的「無辜主義」。

143

　　因此，當人們在面對後現代藝術上的絕大部份解析辯證時，乃應針對藝術自身的廣泛性傾向而論。其也似乎不必允許自我勉強地超載過多辯證法上的極限、或是混雜太多個人地域性之情結意識。其實，假若吾人願意細觀近年間存在於東、西方社會中的諸多既成現象或事實，則當不難理解：

「後現代」，確實是給了「假設性後現代」裡的我們，造成了許多不必要的麻煩與誤解——因爲辯證的原始困局難以突破，大師亦不例外。

也確實，即使在後現代主義學說起源的西方社會裡，「後現代主義」的眞正性格亦極易爲人曲解、誤導、濫用，甚至是被利用成爲某種意識形態的鬥爭謀略。而在今日的台灣藝壇，則此一「景像」乃更勢所難免——因爲有不少的人們，長期超蝕了辯證的成本。或許，這也就正如麥克・費若史東在針對「後現代主義」的當代個性作解析時，所大力卻又無奈地指出：「一種在試圖了解後現代主義藝術時所出現的問題便是：許多後現代主義的眞正特徵被人侵佔並進而分化，甚至誤用成爲各種不同的私自有利定義」〈註九〉。

總之，縱使現實是如此這般地無奈，筆者卻仍然不免會經常地質疑：果眞後現代主義的辯證艱深難解？亦或是只緣今日之人，寧願觀其象鼻而不願視其大體。而致島上衆生皆夜以繼日地爲自我及他人，製造了一大堆無謂的莫名困惑。又或難道，這就是世紀末台灣本土文化在「藝術」面與「政治」面上的一大共通「特色」？當一切的台灣藝術文化現象被非神秘化之後，身爲島內當代藝術家的一員，我們要如何處置自身過去累積的「意識形態」與「辯證困惑」？而當自身的意識形態又已經充分解放之後，我們，又該如何面對一切的創作能量？

附註

註一：The Society of Art, translated from the German by kenneth J. Northcott, Routledge & Kegan Paul, London, 1982, p.80.

註二：有關此相關辯證可參閱 Derrida Jacques, Writing and Difference, Transland, with an Introduction and Additional Notes, by Alan Bass, U. of Chicago, US . 1978.

註三：Ihab Hassan, The Postmodern Turn—Essays in Postmodern Theory and Culture, Ohio U., US, 1987.

註四：Mike Featherstone, Consumer Culture & Postmodernism, SAGE, London, 1993, p.11.

註 五：Donald Kuspit, The New Subjectivism—Art in the 1980s, DA CAPO, New York, 1993, p.531-38.

註六：此一論點酷似於「解構」對於「主義」與「學說」的質疑觀點。

註七：Fredric Jameson, The Deconstruction of Expression, in New Left Review, 146, July / August, 1984, pp.53-92.

註八：Hal Foster, Postmodernism ：A Preface, in Postmodern Culture, H. Foster (ed.), 1990, p.vii.

註九：Mike Featherstone, Consumer Culture & Postmoderntion, SAGE, London, 1993, p.7.

第九章
弔詭的創作能量

147

第九章
弔詭的創作能量

　　各種不同的思想、概念及其所屬的情感狀態，都可以成爲藝術創作的底層支柱。生命、榮譽、聲望、情愛、對來世或對歷史使命的想像、對團體或對個人的關懷與憎恨，這些因素的聚合，都足以使藝術家產生旺盛的創作泉源。但是，有一種人性的本質，卻是在任何的社會中，都不被允許作爲正式原則、且又長期存在於其社群內部的，這就是人與人之間的所謂「嫉妒」（jealous）。

　　然而，就在社會改革與文藝發展的創作中，革命家與藝術家，其對於自身任務的進行，有時候卻也能從嫉妒中，得到某些正面的積極助益。因爲，革命家與藝術家的工作任務之使力點所在，除了鎖定是在心理學與社會學上，所謂的崇高之「道德心」與「悲天憫人」的性格之外，他們對於自身之外的事物之「在乎」與「不平」心態，更是成了他們策動自己，做些「有所不尋常」的行爲改變之因素所在。

　　曾經任教於美國美因茲大學的社會學家赫爾穆特・舍克（Helmut Schoeck, 1922-1993），就曾經在「嫉妒與社會」一書中有所闡述：「嫉妒是一種潛在於每一個角落的事物」——這又一次證明「人是一種嫉妒的動物」。因此，嫉妒旣是

149

一種人性的本質面，所以，其對於人性在創造中，也必有其正數的一方。只是，當身為一位社會改革家、或是藝術創作者時，其要如何將自身具有某些「極度私自性」的嫉妒情緒現象，由一種唯我獨尊的虛構概念形式之自我世界，過渡（轉換成作品）到具有正面效益貢獻的實質世界裡？

此外，在人類本性中，除了「嫉妒」以外，還有另外一道「可以載舟，也可以覆舟」的敏感力量，那就是「敵意」（hostility）。

對於一位正常心智發展，並且富有想像力與社會性的當代藝術家而言，他的主要創作鎖定場域之一，極可能就是在思想和情感的交流之上。並且，他創作的理念傳達，通常也會是一種活躍的社會想像力，而這種想像力，就是將自己認為正確的理念或事實，透過作品來宣告世人。換言之，就是藝術家對於其所認為邪惡的現象或概念，可能會選擇以一種類似於「替天行道」的心情或抱負，去執行自我所認為正確的各種觀點。

而事實上，藝術家因為外在社會環境的長期複雜交錯作用，就會致使其完美主義個性中的「敵意情緒」，變得更加地容易產生與發酵。因為，越是富於理想與悲天憫人情懷的當代藝術家們，其在自我理想的烏托邦情境中，越是可能容易遭受到週遭人文的輕蔑和自我失望的打擊。而當代藝術家因為內心情緒的不平，而透過了作品來「表達」之後，假若仍然無法得到其應有的自我撫平作用，則由此而產生的悲觀主義，以及針對真實或假設的無理情境之幻想，就會更陷入

自我另一層有如妒忌與猜忌這些不明智的煩惱之中，而難以
自拔。也因此，當代藝術家就很有可能會因「敵意」的潛在
附身，而受苦於一種無法對整體人文保持愉悅認識的客觀情
緒之中。

一、嫉妒的本性能量

　　「嫉妒」是人們在生物環境和生存環境中，所採取的一
種不可避免的行爲模式和感覺方式。因此，可以說從十九世
紀末開始，就有不少的西方社會學者認爲，嫉妒是一種存在
於人性中無法避免、毫不留情與不可妥協的情緒現象。它最
有可能在與自己極爲密切的人群中出現。並且，由於日益高
漲的平權主義抬頭，一種在庸俗的嫉妒和可以合法化的嫉妒
之間所界立的分際點，也就逐漸變得模糊不清了。在今天，
有一個極度令人不安的問題便是：當人們在運轉自我本性中
的嫉妒能量時，出現了許多出自於個人假裝、懶惰或是邪惡
而不自知的企圖「嫉妒」。然而，同時地，許多社會文化的
前進與改革，卻也是無法否認地，是依賴著許多嫉妒的力量
在推動。

　　就在一般的情況下，在某些社會結構中，由於有一群長
期霸佔特權，或是長期享受現存體制或狀態的利益者，他們
不願看到任何變革的出現——所謂改革。因爲一旦現行生態
的穩定感遭到改變之後，則其利益點也極可能朝向負面的一
方發展。所以，這些人多半會以「道德」或「法律」，來阻
止這種因某種嫉妒能量所引起的創新變數。而事實上，反對

151

社會嫉妒的人，其有一大部份的傾向，就是反對社會發展、反對改革與反對重新合理的資源分配。同樣地，在許多藝術的創作上，由於「嫉妒」所激發出來的創新成就，其往往具有與現行主流者完全不同的領域或形式的表現與訴求。但也因此，便特別容易受到「正統」的現行體制者的排擠與下放。

而事實上，在許多人類的創造動力中，嫉妒本來就是一種特殊的本性力量。如果一個人不具備有嫉妒的能力（宗教修行者例外），則其可能很難對其所生存的社會，具有產生變革的貢獻可能。換言之，如果一個人沒有經歷過誘惑與不安所帶給他的痛苦經驗，那他也就更難以學會去適應其週遭那個充滿嫉妒的社會，也難以成為社會進步的革命家或是創新理念的藝術家。

只不過，有一點特別值得警惕與防患的是，一位充滿人類本性「嫉妒」能量的人，是否充分懂得如何去控制他的此種動力，並且使之運轉在適切的軌道之上。因為，嫉妒也是在人群社會中，一種帶有社會傾向且又最不合群、最具破壞性的精神行為。假若稍有不慎，則此種「嫉妒」的能量，即可能以損人不利己的方式結束自我原本光采的生命。

此外，當人們在執行嫉妒的正面效力時，總是會發現另一個事實，那就是：只要有一種傳統文化或現象，不能被大家所同時認同和均等地滿足時，則其社群中，擁有較大潛在嫉妒能量的人，便會起來促使某些革新的事實出現。因為，在任何團體中，大部份人所渴望得到的東西，總是少於想得

到東西的人數。而此所謂僧多粥少的事實現象，就鼓勵了一些人，發揮其嫉妒的能量來支持變革（藝術家提出新的創作），因為在具體的事實天秤上衡量，嫉妒者所冒失去利益的風險（新創作失敗），永遠小於已經對現存狀態滿意者。

　　所以說，嫉妒者在本能上，就能有更多創新與改造的機會與空間。而在藝術的創作上，那些對於自己原本低人一等的地位成就，而心生不滿的藝術家們，也因為懷有美國文化人類學家霍姆・加納・巴尼特（Homer Garner Barnett）所謂的怨恨（ressentiment）的情愫——酷似於「嫉妒」，所以特別能有出人意料的競爭成就。而這也就是為何在二十世紀中，我們見到了許多所謂「爹不疼、娘不愛」的偉大藝術家出現。二十世紀末備受注意與爭議的紐約短命「黑色藝人」巴斯奇亞（Jean Michel Basquiat）似乎就是其中一例。

153

二、嫉妒的情緒現象

　　按照佛洛依德的說法，其所稱之為反作用形式的一種過程，就是「如果自己已經不能成為享有特權者的話，那麼至少，在社群中，誰也別想享有特權」。這就是另一種關於「嫉妒」的負面情緒現象。因此，就一種經驗主義的社會科學而言，無論從心理學、社會學或是從經濟學、政治學的觀點檢視，嫉妒不但是屬於一種危害性的人性本質，嫉妒更是一種在個人心目中，根深蒂固、無所不在的情感反應方式。

　　不幸的是，佛洛伊德所披露的此一嫉妒本性，常常被一些「有心人」加以「合法」濫用。關於此一現象，人們似乎

也可以在台灣的某些社群層面中發現：有人經常利用「嫉妒」的自然能量，而進行一種類似於階級鬥爭的「改革」，可是，在所欲變革之事成功以後，又得必須趕緊將「嫉妒」的負面標誌，轉嫁到本身「改革」團員中那幾位比較弱勢、或是可有可無的少數代罪羔羊身上。這也就是嫉妒本身在合法操作中，最爲陰暗、可怕的危險所在。

在歷史的紀錄上，人們常以爲，一定有某種方法或制度，可以徹底使人「擺脫嫉妒」，並且進而建立一個完全安定的平衡社群。因爲這些人們相信：如果大家的意念需求，都可以被「給予」而填平，並且再加諸人們某種程度的高等心智教育，那麼，一切我們可能可以歸之於「嫉妒」所引起的偏見、衝突、敵意、甚或是罪行，便不復存在。而事實上，以上這種假設的推理相信論，是有待考驗的。因爲，它至少存在一個如此的錯誤可能：當人們在面對嫉妒時，往往只是鎖定那個引起嫉妒的事物、並且完全把嫉妒者看成是一個在心性與意識上絕對正常的人。此外，還可能認爲，只要嫉妒的對象一旦消失，那麼嫉妒者便會立即停止嫉妒的上游意識與下游行爲。所以，就有人們以儘量設法去消除嫉妒對象的方式、或是以儘量設法去使所有的嫉妒者提升到其所渴求的境地，並使他們不再認爲有什麼值得嫉妒的東西存在之方法，來誘使他們停止嫉妒的心境與行爲。但是終究，許多事實證明，這種理論模式的操作，是極不可能有所作用的。因爲嫉妒者本身，其在根本的意識個性上，多半都是自己主動在張羅他的嫉妒對象，並且，以此來餵食自己習慣性不平

衡的心態活動。

　　而以上的這種人性側邊現象，就好似貓與老鼠的天生關係一般。當我們把一隻死老鼠置之於貓的面前時，牠根本很難引起貓的挑戰樂趣。但是相反地，假如人們在貓的眼前放走一隻活老鼠，則一場有趣的追逐便從此展開，甚至直到貓將老鼠咬死之後，貓都還會持續撥弄著死去的老鼠，以希望牠會再度繼續逃跑的挑戰象徵行為。

　　所以說，嫉妒根本不是取決於欲望的不平等滿足問題。有一大部份的藝術家對於藝術社會、社群社會、甚或是對於某特定對象或事件的嫉妒情緒現象，也並非會因為對象事物或條件的轉換滿足（新藝術成果受到肯定），而永遠平靜下來。部份藝術家不論是對自我理念的抱負創新、或是對外在環境的不平吶喊，其情緒的內層心性，就是像極了革命家一般，其在畢其一生中，總是特別需要某種程度的持續渲洩，來驅策自我承認的使命往前跑——這是有點天生註定的悲哀性格。

　　是故，某些藝術家此種因習慣性嫉妒情緒現象，而所建立出來的藝術創作、或是對於藝術社會的抽象改革，有時候雖然確實可以有所建樹——因嫉妒而造就自我的成長，並迫使他人屈服於自我的成就。但是，習慣性藉由嫉妒能量來創作的藝術家（或是革命家），卻也永遠不能忽略一項重要的事實，那就是：在一般的正常社群體制中，一種輿論性抑制嫉妒的功能效力，總是大於畏懼（顧忌）嫉妒者的力量展示——藝術家很難靠（應用）自我潛意識的嫉妒能量，來作為其

一輩子的創作動力糧食。

在人類的文化發展過程中，嫉妒者對於人類的各項成就，構成了威脅也產生了助益。在現實社會中，那些因為不能忍受革新者的個人成就，而以傳統的名義或是道理去竭盡杯葛革新的人，和那些以革命一切既存傳統事實為名義，而猛烈攻擊對手的人，其兩者往往都是受到相同的基本動機所驅使。而這兩類的人性，都是因為別人擁有、知道或是享有他們所沒有或無法企圖得到的東西而憤憤不平。

因此，對於社會革命家或是藝術文化工作者而言，懂得在某一種文化場域範圍內，抑制住自身的一種失控性嫉妒能量，以及懂得抑制住嫉妒的嫉妒反對者，才是可能在文化的促進成就中，提升自我的創造作為。不過，除此之外，任何與「嫉妒」相關之人，也似乎永遠不能不確實思考以下的兩個問題，其一是：人的嫉妒能量是否也可以被理解為是一種阻礙革新進步的消極因素？其二是：嫉妒者本身在文化發生變化、文明向前開發的過程中，是否也真的完全起了積極的作用？

三、敵意的情緒衍生

根據心理學的理論，在基本的人性中，有一種單純的，而且是動物性的憤怒，可以被感官上所厭惡的東西所立刻激起，易言之，人們對於某人或某現象的厭惡，也並不全是因為先前既定的意識形態上的敵視所影響，而可能只是因為他本能的動物性敵意所造成。

　　從傳統社會學的角度來看，過去的學者們喜歡依照本質
上的特性來設想：人類「敵意情緒」是可惡而又令人難過
的，並且，不論人們是否喜歡它，它都將會因為人們生存條
件的持續不變，而固執地與其主人同在〈註一〉。不過，假
如從今天後現代的觀點來看，人們會發現：「敵意」，對於
社會和個人的種種危害性之存在，可能並不是在於它作為
「敵意情緒」的先天性特徵，而是在於「敵意」的本能力量
之偏離或是過分旺盛所致，所以，也就很難適當地控制，並
且節制此力量在適切的領域中發揮其應有的作用。而這種狀
況，就酷似於人類本性中的「性慾」一般，如果無法適切地
制量與引釋，則其本身的旺盛力量，肯定會給其主人的生
活，帶來無數的痛苦與混亂。

　　因此，「敵意」之為物，被肯定是人類本性中，一種簡
單的生機本能趨向。它是與生俱來的，並且會表現在人的情
感與思想的交流之上。敵意在人性中的存在傾向，並不是由
簡單的刺激，就可以引起的簡單衝動。敵意，就有如憤怒
（anger）一般，它在本性情感的轉變中，是會隨著想像力的
增長，而相應地發展和分化。人的恐懼、悲傷、羨慕、嫉
妒、愛、恨、情、仇等情感，都可能會交錯地催化敵意在人
性中的思維作用。

　　並且，依照佛洛依德的說法，情感上的矛盾與敵意情
緒，更是會發生在與其極為親密關係的園地之中，換句話
說，在與自身越是緊密（closeness），或是越是親密（intimacy
）的社群中，自我的情感就越是容易過敏與激化。社會人類

157

學家，柏尼梭‧馬凌諾斯基（Bronislaw Malinowski）就曾指
出，在越是緊密的社會關係中，敵對行為（hostile behavior）
就更容易發生〈註二〉。因為每個人的敵對感情（hostile feel-
ing）的總和，就是每個人的自我親密社會關係中的核心組
織。

　　在今日的台灣本土，人們可以察覺到，當代藝術家在創
作的路途上，其有一大部份的目標搜尋，就是鎖定在此一
「敵意」的運轉對象上。其間例如：藝術家對於社會面的不
滿、對於文化面的不適、對於生活面的不足、對於精神面的
不平、對於未來性的不安，甚或是對於自身創作物的厭惡等
等，這些情愫的敵意力量，都會帶給藝術家在許多思考與表
現上的另類能量，並且會挑起藝術家在情感分化上的主動出
擊。

四、敵意的再生力量

　　關於緊密社會關係中，「敵對感情」的產生現象與矛盾
情緒的發洩作用，佛洛依德就曾經在「群體心理學與自我分
析」中，如此寫道：「……幾乎所有能夠持續一段時間的密
切情感關係，例如：配偶、朋友，以及父母和子女，都會留
下一堆「厭惡」和「敵對」的沉澱物（又例如當兩個家庭由
婚姻聯繫起來時，通常每一個家庭都會認為自己優越於對
方，或是出身比對方好），而這種沉澱物，只有在經由「表
達」以後，才得以消除……。」〈註三〉。

　　假若將佛洛依德的這項推理，搬移到當今社會中來看

時，則人們會發現，當代藝術家就是因爲對於身邊所關切的
人、事、物的強烈情感作用，因此，便會基於個人主觀情緒
的好惡，而產生了對社會環境的某些不滿或矛盾的心理反
映。而這些藝術家內心本性與外在景物現象的敵對意識，對
於一位成熟的藝術家而言，他便會（能夠）充份地運用這股
「敵對感情」，來促進「敵對行爲」的「表達」——使用一
種絕對自我的藝術表現手法，來傳輸心中的感受，並藉此藝
術創作的過程與成果，來消除自我心中對週邊緊密關係中的
某些不平或不滿——因爲對於多數的藝術家而言，他們通常
也都會有一種明顯的個性傾向，那就是：自己似乎永遠優於
自身之外的環境或人群。

　　美國早期著名社會學家，查爾斯・霍頓・庫利（Charles
Horton Cooley, 1864～1929）在分析「敵意」在人性中的正面
效益時，就曾認爲，一個人假若沒有產生敵意的憤慨能力，
那他的性格和目標，就很難得到他人的尊重。所以說，就一
般人而言，比方如果有人對於某件人、事、物是眞心的愛好
的話，那他一定會對於損害那個主體物的東西(或人)，產生
敵視情緒。因爲，如果他不表現出此種情緒的話，那不論是
在遭受到損害的當時，或是在事過之後，他和他所代表的獨
立認同之價值觀，便會讓人瞧不起。也因此，在許多的社會
之中，敵視心理，就會很自然被合理地和「道德勇氣」之
物，有力地結合在一起〈註四〉。所以說，當代藝術家的許
多激烈性創作理由之一，也就是由上述的情緒現象而衍生。

　　此外，在另一方面來說，有人認爲「不抵抗主義」，可

以對侵略者有安撫的作用（所謂避免刺激對方）。而這就有如
俗話中的，「當有人打了自己的左臉之後，我們還要把右臉
也送上去」的說法一般。只是，在許多的情況之下，當被打
了兩面耳光之後，通常還是很難得到對方的息怒與認同；並
且，反而更會讓對方瞧不起自己。是故，適時、適切的「敵
意」產生，就是自我再生的另一道希望之門。同樣地，對於
當代藝術家而言，假若一貫平順地妥協，或是逆來順受地全
盤接受外在的事實出現，而沒有任何爭取自我認同與尊嚴的
抵抗意念或行為，那麼他的創作能量與質量，便會有如進入
了冰點世界一般的了無生趣。而以上的簡易原理，更就是許
多當代藝術家們，何以會堅持以批判或解構的角度，去從事
創作的另一層基調理由。

　　不過，在事實的另外一面，也有必須謹慎認清的，那就
是：任何過度激烈、或是惡意譴責的敵對情緒，也是對自我
有害的。因為，即使是少許的偏頗中傷敵意，也最是容易陷
自身於一種沒有頭緒的憤怒情緒之中。而最後，更會因習慣
性的不自知無理「敵意」，而迷惑難以自拔。

五、敵意的無理想像

　　如前所述，在一般的人性中，人們之所以會對於其他人
產生「敵意」，是因為我們所珍愛自我中的某一部份（或是
人、物，或是理念，或是希望，或是環境），受到了他人的
損害。而這種損害，便會很直接地喚醒自我的憤怒情感。而
事實上，這種敵意情緒的產生，在很多的情況之下，就是因

為人們感覺到，在自身之外的某一他人（物）意識裡，存在著某種有害於我們自身的企圖。因此，往往只要「想像」到那個「他」，這種自我的心理行為，對我們自己而言，那就是一種強烈而無情的打擊。

事實上，「想像」，使我們在任何的事物上，會同時得到正面與負面的直接影射意識。但是，假若我們對於人群或個人只有憎惡的話，那很可能是因為我們自身對於他人或外界的理解，產生了誤差偏見。而這種沒有節制的偏見憤怒，就會像是其他無法節制的情感一樣，總是特別容易導致可怕的無理想像。所以說，失去理性的氣憤或偏見，最容易導致人們無法全面思考的硬化，並且，會因而經常性地陷自我於「合理化」的偏見敵視情緒之中。

161

當代藝術家在從事創作時，其動機、理念的產生，在很多的情況之下，其實，就是由於藝術家個人對於身外事物的不滿、敵意所激發引起的。因此，對於一位心靈健康、精力充沛的藝術家來說，「大發脾氣」（對某事實、現象不滿或不平），非但不是痛苦（痛苦於情緒的激昂），而反是一種放鬆（因為情感得到經由作品的解放）。是故，人們就常會見到一種情況，那就是：一位憤世嫉俗的藝術家，透過了自己的作品抒發與說辭，而大貶時事的惡劣與悲哀，並且，不願去思考別人的其餘觀點或詮釋。而這就好比一位正當暴怒的人，不願接受他人安慰與解說的微笑一般。

所以說，一位正在暴發創作慾念的藝術家，是不想太早脫離這種有如狂怒般的情緒漩渦中的，他最想要的，只是想

盡情地發洩，直到發夠了脾氣以後，他才願意平靜下來。然
而，藝術家在以自己架設的主觀條件來完成其作品之後，其
「敵意」（憤怒）即會開始減弱，並且，在意識上開始逐漸感
到頹喪與懊悔——對自己的作品慨惡、甚或產生罪惡感。這
是因爲，通常在激情的暴發情緒過後，他會感覺到自己的理
念（或作品），也並非是完美無缺的；而「敵意」的對象，也
並非是如此地罪大惡極。因此，先前自我所武裝起來的信
心，便開始走入動搖的境地；然後，事過境遷，又會再度循
環地步入尋找另一種發洩的衝動痛苦之中。

　　因此，當後現代藝術家在以傳統的現代主義觀點（絕對
的「對」「錯」「眞理」），來審視或批判今日社會人文時，
通常到了最後，他會發現：在他自認爲最爲「有效」地以
「敵意」來提出創作、並且大力褒貶時事、環境或人物的同
時，他也會越來越看清楚，其實，自己所針對的對象目標，
和自己本身的狀況相較起來，似乎也無多大的差異。其中不
同的只是，對方將自己在潛意識中，也存有的所謂「邪惡」
動機或想像，付諸於實現而已。

　　在今日，藝術家對於外在環境或是人文景象的「敵
視」，不應只是盲目的對整個人群，而是應該在某種程度
上，根據自我的某種傾向，來區別出應該以何種作品來表達
「敵視」的對象。因爲，藝術家的「敵視作品」，本不應該
是因爲想到某個人或是其特徵，而就產生憤怒的那般。當代
藝術家的「敵視作品」之運轉場域，似乎應該是針對他所無
法忍受的社會之不誠實、或是狂妄的惡劣事實或現象，來鎖

162

定其出擊目標。

　　此外，一個人如果經常會爲自己或他人的「敵意」，而動念迴觀，則他便可能會更加地關照到一些關於正義與公理的原則，並且，也更能夠將自己與他人所承受不平與傷害的情感，轉化爲溫和理性且有節制的對抗（例如藝術家以作品來「示威」）。所以說，在後現代主義不特別強調對立與戰鬥的「顛覆」精神狀態之下，某些因適切「敵意」而演譯生成的理智抗爭，便會逐漸地被認爲是合理秩序中的一部份。

　　不過，對於大多數的當代人而言，強烈的個人「敵意」，確是痛苦且有害的。從歷史中看，許多優秀的人才，就是因爲這種情感的過度旺盛，而反被毀掉了其人格的基本尊嚴。以後現代的觀點來論，「敵意」，是應該在避免無意義的衝動之下，讓人們能更清楚地思考問題的核心，並且，不允許自己捲入無謂的仇恨情緒的漩渦之中。因爲，任何的粗糙情感，都會被看做是一種可恥的精神浪費或靈魂褻瀆。

163

附註

註一：Charles Horton Cooley，Human Nature and the Social Order，pp. 283, 284.

註二：Lewis A. Coser，The Function of Social Conflict, P.61.

註三：S. Freud, Group Psychology and the Analysis of the Ego, London, The Hogarth Dress, 1948, pp.54, 55.

註四：Charles Horton Cooley，p.276

第十章

存在即是事實的現時創作

166

第十章
存在即是事實的現時創作

　　假如尙‧布希亞（Jean Baudrillard）的「過度眞實（hy-perreality）」之論點推理，可以被接受並證實的話，那麼，「現代主義」，可能就是一種快速破壞世界外觀形貌，並且放棄了對歷史與詮釋的認同權力。而與此相對的，那「後現代主義」，則是在試圖保存過去的種種殘存文化，並且急欲拾回過去那已被破壞，或即將被破壞的事與物。

　　因此，「後現代主義」，乃可以被視爲是一種在重新組合、拾回，並認同以往存在的人類文化精神。只不過，假若人們以另一種角度來俯看時，則「後現代」，又可以被描述成是一種混雜過去歷史、玩弄過去既存「古物」的「新嘻皮」。

　　在「新嘻皮」的生活哲學中，人們已經漸漸地不再迷信「現實」這字眼。因爲，對於「現實」這樣的定義，人們曾經有過了太多的錯誤解讀。在今日，人們不再相信有什麼眞正不變的「現實」存在。那昔日的所謂「現實主義」，亦只不過是一系列有關視覺的幻像技巧罷了。除非，有一種無形的力量（像「超人」影片中的時空轉變機器），可以將人們從現今的空間裡（後現代），轉換到時間裡（現代）去，否則，

167

後現代的全球性空間意識，其讓人無法觸摸的神秘性，就會
有如昔日現代主義的時間奧秘一般——它們徹底讓人感受到
了一種不存在的「存在」矛盾。也因此，在後現代的自身論
述中，便一再地激起了諸多有如「藝術個性」的分歧爭論。

一、存在即是事實與精神分裂的藝術個性

當人們在探討當代作品的「個性」與其「背景」關係
時，西方許多學者都咸信：一件成功的作品，必將擁有非常
個人化的原創力。因此，「形式」（form）與「內涵」
（content）（此為筆者認定一件藝術作品所具有的兩個度量
單位），便無可避免地成了討論的重點。不過，此種以作品
個性為出發點的辯證，常常會受到許多誤解甚至是批判〈註
一〉。就像是弗雷克・詹明信在「後現代主義與消費社會」
一文中所論述到的：後現代主義者，已不再是像現代主義者
那般地想成為「英雄」、「唯一」、「真理」，乃至企圖達
到獨特風格的烏托邦神聖境界。在後現代的「意識形態」與
「精神分裂」之間，其所產生的是：徹底解構、片斷分裂與
不連繫的「非真實化」文本；然而，此一文本，又並不意謂
著自我的完全不存在。這確實是有點弔詭難解的〈註二〉。

或者再嘗試說得清楚些，例如：大衛・謝勒（David Salle
）的作品，謝氏在他的作品中總是塗塗抹抹許多完全不相干
的畫面元素，有時甚至還出現許多讓人完全無法「看懂」的
圖案，然而，這些元素在彼此間糾結之後，卻又能輕易地讓
人感到了某些「形象」的存在。只不過，當人們真正想要

嚴肅地去找出一個主題來定義作品時，則往往又會頓時覺得
滿頭金星霧水。其實，這乃是因為在謝氏的作品之中，根本
就未存有所謂「現代主義」者那般企圖「改變世界」的英雄
霸氣。換言之，它不存在所謂的「唯一」風格或模式主義；
它真正擁有的，反倒是一些「間離」的空隙和「存在即是事
實」的坦白。此外，它也似乎存在著某些作者的沉默與觀者
之間的想像空間，而這樣的空間存活，卻又都是依附在「現
時」的漫行之中。

　　在後現代的文藝批評中，對於作品中許多互不相關連的
元素表述之解析，是確實偏向於「現時」的時間性體驗，換
句話說，這樣的作品已不能再以過去對「藝術」的標準來等
同視之。在後現代的現時社會中，人們感受到的絕大部份是
「差異」，而不是「統一」。在今日後現代精神中所出現的
「差異性」，不只是在文藝理論中，人們甚至還可以輕易地
在政治、或是經濟學中，目睹它的時代丰采。而這樣的事實
現象之存在可證，乃是因為我們確實是生活在隨時都充滿著
弔詭、緊張與刺激的差異社會裡。也因此，在這樣的社會
中，每一個「現時」階段，也都可能是不連續的；並且，每
一件出自藝術家獨立思考之下的作品，也可能成為一種「現
時」文本（text）。並且，此種間離、零散組合的成品，便具
有了所謂藝術個性的「作品性」（textuality）——非統一、非
協調的獨立差異。

　　當在探及「後現代」作品的現時個性時，赫·弗斯特
（Hal Foster）就曾同意：「後現代」，簡直就是一種時間與

169

空間上的新式精神分裂症（new schizophrenic）〈註三〉。而
弗雷克・詹明信則對此解釋得更為清楚些，詹氏認為：在後
現代裡，所有關於時間的概念，都已經和以往不同了，昔日
那種由「過去」連接「未來」的連續性感覺已經消失了；人
們所新體悟到的「內涵」，幾乎都只集中在「現時」之上。

所以說，從西方的所謂「存在主義」之後，人們便開始
不相信人類大腦的所謂「疾病」都是反常的。有時候事實剛
好是相反的——有很大部份的精神病症，可能即是人類在體
驗（悟）「自我」和外界之後的一種誠實表現。易言之，似乎
只有那些存有某種傾向的精神患者，可以達到（或突破）人
類所與生具有的創作與解讀潛力之極限。是故，某種程度的
「精神分裂」，或許是一種在顯示人類（藝術家尤為明顯）
生活中，某種可能性的無限擴展（創作）、亦或是某種變形的
行為模式（悲觀式解讀）。

而在另一方面來說，精神分裂者，也通常都會失去了歷
史感，也更可能會全盤忘卻了自己所在的時間與身份。因
此，他們便都只存在於明顯的「現時」之中。詹明信就曾同
意傑魁斯・拉岡（Jacques Lacan）所認為：精神分裂的本質，
是一種在對於語言認知觀點上，與佛洛依德的所謂「成熟靈
魂」錯失了連結的語言失序與精神分裂經驗之相結合。不
過，對於此一論點，詹氏也曾補充說，他自己在很大的程度
上，確實也不認為那些後現代主義藝術家〔如約翰・蓋奇
（John Cage 音樂家）、安迪・沃荷（Andy Warhol）等人〕都
是在某些感觀上患有精神分裂症的傾向〈註四〉。而事實

上，在那些後現代主義藝術家們的作品中，總是存在著某些
互不相關的元素（element），並且，在經常性的「現時」時
空和語言中，留下了幾許的思考空隙與創作沉默。這似乎是
一件不爭的事實。

二、希望原則的欲望

　　因此，在精神分裂的傾向經驗中，人們即可以發現，當
後現代主義的作品被放入「消費文化」中來討論時，則其
「個性」，在很大的程度上，簡直就像是一些商品促銷的劇
情一般——譬如說，某一種產品出現在展場上，例如汽車，
它總是伴隨著性感的妙齡美女、或是強壯瀟灑的俊帥男人。
而這種畫面在商品消費的文化意義中，就會讓人在下意識裡
感受到：消費了這種產品（汽車）以後，便會有那樣的美女
或壯漢隨侍在側（或根本把「我」想像成是「他」）的幸福感
覺。而基本上，這就是利用「形象」來激發欲望的手段。並
且，這個手段，更是擺明了是在利用人類的性慾移情。因
此，在創作上，這種激發更深一層想像空間之手法，也就成
了當今藝術作品的普遍個性之一。換言之，在「汽車」的案
例中，它不像現實主義般地直接宣告該車的功能，也不若現
代主義那樣的空靈繞圈子。它是直接提供了人們非常表面，
但是又極為有效的「踏實」想像空間；並且，使之進而改變
了觀者的精神狀態。

　　而事實上，前述那種所謂新式標誌（logo）的消費文化，
正是印證了恩斯·布洛赫（Ernst Bloch）所謂的「希望」原

171

則——在一切欲望和激情的檯面下，總是躲藏著「改變」（世界）的另一類欲望心扉。當然，人們也明瞭，這種「改變」的欲望，在藝術家的內心裡，事實上只是在「想像」之中進行而已。否則，若真要將其推移到真實界中來操作時，則其必得經過一場真實的革命行為才行。也因此，在藝術家不可能以身體去做真正的革命之情況下，藝術家便透過了作品中的形象或是語句的創作，來引導（誘）人們達到有如對性感美女或紳士壯漢般的下意識消費。關於這一點，在今日的台灣，一般人們的欲望會是什麼呢？藝術家的作品又會是在引導（誘）著人們什麼呢？

　　無可否認的，許多後現代主義者的論述分析，通常都是屬於較文學性的書寫形式。因此，也就理所當然地屬於自身的反射性表述。因為，通常批評者即像是那自我意識的創作者一般，其皆具有一種新式的自我語彙——視世間的事物並非都有特殊的關連。它們喜好使用一種蒙太奇式的透視方法（從內在文本到外在參照）來逐漸地「統一」所謂的「總體」。它們也更樂於沉浸在胡亂、不對稱，甚至是過度狂歡的意旨解放之中（從它們那無定形之真實的束縛中解放出來）〈註五〉。

　　後現代主義在過去的數十年當中，確實不停地巡航著不同區域的角色變換。而如今，「現時」的「零散」性，已變成了它的城市座標。而就在這樣的一個都會象度之中，一切社會的景像，也似乎早已變得掌握不住。那昔日「現代主義」中所深信科學可以決解一切的「信仰」，也早已消失

了；今日人們所能意識到的景像，也恐怕只有是另一種焦慮的出現——簡直不可能讓種種的差異碎片達成協調或統一。藝術家註定將不再快樂無憂，藝術作品的創作產生，也只能自得其樂？

三、焦慮與耗盡

藝術本身存在的價值，是因為人的存在而生；藝術脫離了人，則其殷附於人類而存的價值便馬上消失。

有一種超前衛的思想如是說：藝術，並沒有最終的目地，藝術本身永遠受到當代社會的制約。只是，此一「社會」，是怎樣的一種情景呢？這關乎藝術家對自我創作的「解釋」與「辯解」，甚至是對自身作品的「喻言」或「謊言」。

在聖經上有這麼一說：凡人用計謀而贏得了世界；但是，卻喪失了他的靈魂。而生就與靈魂為伍的當代藝術家們，我們所欲戰勝贏取的又是什麼呢？一件藝術作品從藝術家手中完成之後，它所被賦予的「行為」或「動機」，甚至是作品本身的「表象」與「涵意」，這一切的一切，都在「指涉」或「被指涉」著什麼呢？酷似身為半殖民性格的台灣當代藝術家們，其所正在、或即將面臨的創作動力，又會是什麼模樣呢？

人們從奧利瓦的一項超前衛理念中得知：讓藝術再度回到令人愉悅的感官世界後，其所發展出來的許多後現代思想，便已陸續證明了「新人本主義」那種以「人」為中心，

173

而揚棄對物質、科技的崇拜之思潮傾向，將成爲此後藝術發展的主要路線。而此一路線，也似乎就將朝向原住民的精神學習。因爲，在原住民的社會裡，「藝術」本不存在，所以，「藝術」得以更爲單純而不受污染。所有一切在我們所謂「文明」世界的人們所看到原住民的所謂「藝術品」或「藝術行爲」，在他們的生命族群中解釋，都只是成了其生活中單純的一部份精神表現「物品」而已。而這些物品，更是純粹到只是在紀錄、隱喻或表達某種「人」（生命）或「神」的精神活動或肯定認知而已。是故，一些關於後現代主義的藝術價值爭論，極似乎也可能走向如此這般最原始、也最實際的原始「人本主義」價值體系去；而不再只是過度地強調所謂社會的壓迫、醜陋、機制與社運的一些凡常正義及偉大的「焦慮」。

　　無可否認的，在現代主義的創作中，確實存在著一種「焦慮」的「動力」。這是因爲焦慮中有一個自我——持續或間歇性地想像或企圖達到某種英雄或大師的境界。這是一種屬於自我毀滅的神聖瘋狂。

　　在後現代主義裡，則由於另一種「耗盡」（burn-out）的作用——日復一日地連續消耗自身靈魂，而致使掏空拖跨了自己。是故，人們因而感覺到了自身並不存在。而即使存在，其存在本體的空間，也有如隨時即可隱藏、變形的透明太空矽膠一般。所以，身處在後現代的藝術家們，通常可能都會在某種情境之下感知到：自己猶如在一片美麗的花園中幻遊旅行；而面對的神聖任務，卻是讓更多的人們同行幻

遊。自己與他人，早都已經不是中心化的主體了。

　　所以說，當人們認眞而嚴肅地剖析島內有關「現代主義」與「後現代主義」的創作脈絡流向時，其在很大的程度上，是彼此存在著某種共同的病徵的。而其中最爲明顯之一的就是：某部份的現代主義患了孤獨、隔離、迷惘，甚至是因此而依補償心理而滋生的自負、獨裁的症候。而最後，則致使人們的憂鬱從腦海中爆發出瘋狂和自我的毀滅趨向。而在另一方面，部份的後現代主義，則是染上了飄浮無中心的「零散化」病症。它對於幻影神遊的「去中心」迷信原則的愛戀，反而讓自我失去了「自我」的存在。而此種不安卻又假設自我存在的感受，之所以會爆發出來，也是根源於自己無法忍受「自己」成了整個事件（藝術創作）的爆破碎片。而此類後現代主義者的這種體現，其和時下吸毒者的感覺正好是不謀而合。人們在吸毒者身上所了解到的是：他們已經徹底地失去了自我、他們也無法統一自己；外在的一切時空流變，也都變成了互不聯繫的泡沫幻影。

　　因此，現代主義與後現代主義在島內的某些創作病症上，雖然顯現出的是具有不同病痛的差異。但是，人們若是站在某一個特定的角度上看，則其所引發的破壞性，則是一致的。易言之，當一切的「主觀」與「排他」同時現形時，則藝術品奴隸背後的主人，就會無法找到自己的體位或定位在哪裡——因爲主人的「慾望」早已淹沒了藝術的原形。

四、慾望機制與多元決定

175

　　依據賴克原理（Reichian Axiom）的解釋，「慾望的最深本質是屬於革命的」〈註六〉。因此，當「慾望」成爲一種「革命」的動力時，它便可以（會）攪亂或顛覆盡乎全部的社會形式或社會體制。換言之，「當慾望在一個自由且綜合的領域中操作時，則其間的任何事或物的出現或改變，都將成爲極度的可能或事實」〈註七〉。而除此之外，當藝術家的思想傾向，在其創作的實踐中獲得了滿足的同時，其另外一層寄生於藝術創作邊緣的「慾望」，總還是會在不斷地尋求某種超乎一部社會機器或約制所能夠允許的更多接觸對象與關係。

　　是故，對於「慾望」的此一效力，費立克斯・瓜塔里（Felix Guattarf）和季爾斯・德勒茲（Gilles Deleuze）則將其視之爲是一種「遊牧而多聲」的能量。因此，他們便主張：「對於一部社會機器而言，其第一要務便是要將「慾望」馴服，並且將之壓抑或型塑於一個絕對封閉的結構之中，因爲那是一個社會體的基本工作」〈註八〉。不過，假如人們果眞以德氏及瓜氏的此一理論，引證到藝術家的創作工作上來看時，則似乎很明顯地，我們發現了那與很大一部份的事實剛好相反。因爲，如果「社會機器」確實可以完全制約藝術家的一切意念，則藝術家便就只是有如一介「凡人」般地成了輾米房中，那不斷在重覆運轉的皮帶上的一粒褪了殼的白米而已——被剝去了自身的色彩外衣，而服從於看似自然統一的既成社會法則。

　　既然藝術作品的產生和「慾望」的操作，有著難以釐清

的曖昧關係，那麼，生就一付主觀且自負性格的「藝術作品」，其要如何準確而適時地反駕馭那「慾望」背後的主人呢？而藝術作品本身與其生產主人的所有抱負與宣言，又是如何地來去於整個社會體制內的客觀價值審判呢？假如筆者記憶正確，海德格在「藝術作品之起源」（The Origin of the Work of Art）一書中，即曾以抽象的口吻說過：藝術作品，是來自於「世界」和「土地」之間的間隙。換句話說，藝術作品所背負的表現功能，就是在展示「歷史」情事和「物質」轉變之間所存在的張力。所以，藝術作品應該是產生自「歷史」與「物質」之間的裂縫裡——如此，則它便超越了一般藝術家「慾望」背後的圖騰、移情甚或是隱喻的衝力。

此外，當在探討一種「意念」或「價值」的歷史現象或創作定位時，路易斯・阿圖塞（Louis Althusser）亦曾借用佛洛伊德關於夢的解析的理論，而提出了自己另一項新的概念，那就是所謂「多元決定」（overdetermination）。而這一新的理念，也是當代西方思想界中，最為成功並被普遍認同的概念之一。

在佛洛伊德對於夢的分析當中，他發現了每一個獨立或牽連的夢，都是由多種因素所共同交織成形（決定）的。人類透過自己的自由聯想，便可以發現：所有夢中的細節，都是可以導向某種中心的情結，而幾乎沒有什麼細節是存有特殊、與眾不同之處的。阿圖塞因此乃借用了佛氏這個概念來解釋：任何的歷史現象、或任何的作品產生，甚至是任何的意識型態的改變，都存有各自的原因；然而，這些卻又都不

是由單一的原因所產生的。相對地，那是由眾多而複雜的基因所組成的。所以，藝術家的創作動機或是作品中所呈現的形式和內容，就宛如是歷史的景象一般，那是一個「多元決定」的現象主體。

因此，當人們在面對任何有關藝術問題的「多元決定」概念時，不論是藝術家在對自我作品的剖析、或是藝評家在面對他人的作品、甚至是面對時代的藝術運動時，就絕對不能不考慮到所有可能存在的原因——包括那些看似極不相關的「地理因素」、「族群關係」、甚或是「個人情感」等外圍基因。但是，一旦尋獲足夠的注譯符碼，則不論是藝術家自身或是外在藝評，便可以從結構的角度下手，去「解釋」（非自我表述）那諸多必然與不必然的「多元決定」因素。

今日戰事的最終目的，並不是在於如傳統般地徹底擊潰、消滅對手，而是在於讓戰爭持續下去，以致最後馴服對方。當代藝術家的意念創作，也並不是在於企圖戰勝自身的作品，而是在（迫）使自我的創作能不斷地擴展下去。並且，發動戰爭的主謀，往往不是來自於敵對的一方，而是來自於統制自己子民的「執政者」（一九九九年，南斯拉夫的戰事即是明顯例證）。易言之，藝術的創作動力，並非完全是根源於社會環境的壓迫，而是產生自藝術家自我的「慾望」傾向。因此，「革命便沒有了清純的理由和準則，背叛也沒有了既有的源頭和動機，行動更不需要首腦來刻意領導，一切的抗拒都應該被允許有多元的存在。而且，每一樁行為都必須單獨地看待」〈註九〉。是故，藝術家個人的創作，雖然

在某些場域的某些層面上，有著幾許類似的「酷似」，但卻也不能被強硬歸類爲是某種「主流」或「非主流」的流派或意象。否則，任何人對於任何藝術作品或是藝術運動事件的價值判斷，勢必被迫走上如下述故事的情境，方可了結：兩個婦人同居一室，其中一個婦人壓死了自己的小孩，卻去爭奪另一婦人的小孩。就在兩方爭執不下之際，官司便告到了所羅門王那裡。所羅門王乃命令僕人取來利刃一把，欲將那活著的小孩劈成兩半，各給一半。活孩子的生母懇求所羅門王不要殺他，而另一婦人則說「這孩子也不歸妳、也不歸我，把他劈了，一人一半吧！」所羅門王由此便輕易地推斷出哪一個婦人才是孩子的母親〈註十〉。

在過去、現在與未來，有關島內的一些藝術或文化層面的爭執或價值判斷，也必須步上如此激烈的審判，才得以在殘酷而不留情面的氣氛下閉幕散場嗎？事實上，不論是藝術創作者或是藝術執政者，其都已經（應該）了解到：在「創作」的路途上，任何「形狀」的主義、或是任何「色彩」的觀念，在經過了「適時而得體」的轉化之後，都將成爲有效的元素、並進而豐富我們的創作生命——只要我們能夠「善解」（佛家語）。

179

附註

註一：參閱陳英偉，「假設性後現代主義的虛實——當代藝術家可能的創作原則」，藝術家第二四〇期，頁二五五。

註二：Fredric Jameson, "Postmodernism and Consumer Society", Post-modern Culture, Hal Foster (ed.), Pluto Press, London, 1990, pp. 111-125.

註三："Postmodern Culture", Hal Foster(ed.), Pluto Press, London, 1990, p.Vii.

註四：Fredric Jameson, pp.118-119.

註五："Key Concepts in Communication and Cultural Studies", T. O'sullivan, J. Hartley, D. Sannders, M. Montgomery, J. Fiske (ed.), Routledge, London, 1994, p.234.

註六：Gilles Deleuze & Felix Guattari, Anti-Oedipus, U of Minnesota Press, 1983, p.116.

註七：Gilles Deleuze & Felix Guattari, p.54.

註八：Gilles Deleuze & Felix Guattari, p.139.

註九：Michel Foucault, The History of Sexuality, Vintage Books, New York, 1980, pp.95,96.

註十：〈聖經〉〈舊約全書〉「列五記上」第三章，第十六至第二十六。

第十一章
當代藝術家可能的創作原則

一、後現代作品的本質涵數

二、作品的想像企圖——內涵

三、藝術家的特殊企圖——形式

第十一章
當代藝術家可能的創作原則

在跨入廿一世紀的今日，許多對「後現代主義」一辭真正涵意的質疑，依然層出不窮。「後現代主義」到底為何物？或許，此一簡單的問題，仍然無法輕易地得到它自己單純的答案。

赫‧佛斯特（Hal Foster）在其所編《後現代文化（Post-modern Culture）》一書裡，第一句劈頭就問：「後現代主義真的存在嗎？假使存在，那它又意指著什麼？」，接下來連續不斷的疑問：「後現代主義只是空泛的觀念？還是經濟上的層面問題？」，「後現代主義的形式是什麼？影響所及如何？又出現在何處？」，「人們如何使後現代真正到來？」，「我們真的已遠離了現代而身處後現代？」。如此一連串的問題直逼得叫人招架無力，欲語還休。

在《後現代文化》一書中，羅莎琳‧卡索（Rosalind Krauss）和道格拉斯‧庫寧（Douglas Crimp）兩人對以上問題的綜合見解，或許可以說是當代藝術家們在面對「後現代」創作時，最為淺顯易見的浮標，其意旨為：後現代主義乃為一種在美學觀點上，與現代主義斷交的主義。除此之外，弗雷克‧詹明信（Fredric Jameson）和珍‧佈吉拉（Jean Baudril-

lard）的共同觀點，則可謂更是生動貼切、淋漓盡致。他們二
人將後現代主義巧妙的解析爲是一種空間和時間的新式精神
分裂症（schizophrenic）。在此，姑且不論這些學者所專研探
究的方向是何等地差異或雷同，然而，從此中至少已可簡單
的歸納出一點承如上述學者們的共通認知，那便是：現代主
義的主軸早已浸泡在深沉的疑惑之中，而逐日銹腐。其實，
對於此一看法，裘眞・哈伯瑪斯（Jursen Habermas）亦早已說
過：「現代主義是統治者，但早已死亡」〈註一〉。

一、後現代作品的本質涵數

後現代主義果眞是現代主義的繼承人？還是接班人？後
現代主義只是將現代主義上下顚倒、左右調換的主義？還是
只是以自由、解放戰勝一切的主義？在後現代主義「侵犯邊
緣論」的精神裡，是否也有其自身不可侵犯、褻瀆的教條原
則？今日，不論「後現代」如何地被爭論不休，在「後現代
主義」一辭之意，已被假設性認同存在，並被廣泛使用的當
今，有一個關於藝術創作本質上的問題經常被提出討論，那
就是：當代藝術家是否有權，或是應該可以自主性地轉換、
使用來自於其他（他人）文化或傳統裡的意象（形而上之物）
和影像（形而下之物）？關於這樣的一個疑問，有多面來自
不同思考角度下的答案。但總括來說，基本上可分成兩大意
識鮮明不同的陣營。其中一方堅持藝術必須絕對擁有原創的
純粹性格（這也就是現代主義的中堅理念和信仰之一），否
則，藝術本身便無法在世界的藝術演化史上，不斷地建立其

「改革的位置」。秉持此一信念者，懷疑或否認現代主義已
經顯現問題的存在或發生。然而，從另一個視角觀之，在越
「接近」後現代的此刻，有越多的另一群人卻明顯地堅持以
相反的看法審度日益複雜化、多層化的「藝術作品」——跨
越文化性、時間性，以及意圖性的「高等形式」藝術。許多
後現代主義的藝術家日益熱衷於分解過去或現今既成物的規
範（code），而加以重新建構與其現時代軌跡相平行的階段
意義。這種模擬再現式地將影像或意象挪用（appropriate）於
自身作品裡的行為，已經成為今日藝術家在創作自己個人品
格化藝術時的主要方式或手段之一。阿斯理・畢克頓（Ashley
Bickerton）、羅勃・農哥（Robert Longo）、漢錫・哈克（Hans
Haacke）、託依・布萊特（Troy Brauntuch）和雪麗・略凡
（Sherrie Levine）等人，便是其中佼佼者。換言之，此種直接
從既成物截（擷）取主題物後，重新使用其影像或意象的戰
術，可說是今日「後現代主義」中最為強力的戰略之一。然
而，此一行為模式，似乎也總是一項存在於現代主義與後現
代主義之間，有關於性格問題的爭論焦點。

　　當在面對以上的爭論時，或許里歐塔（Jean-Francois Ly-
otard）的看法可以提供我們另一種較為明確的思考方向。他
說：「一件現代作品之足以成立，其必先是後現代。後現代
至此被了解到並非是現代自身的末端，而是存在於其發生過
程中的某些狀態，而且此一狀態還是永恆不變的常數」〈註
二〉。就從某一個角度來說，吾人讚同任何來自不同文化面
之不同形式或理念，皆可以被當代藝術家自由重新運用；但

185

是，其必須在一個重要的先決條件之下方可成立。那就是藝術家必須確實充分了解到他正在作「什麼」，以及「爲什麼」要作「什麼」。如果此項要素具備，則藝術家的選擇不僅只是認知到一種對藝術起源的「債務」，並且也能獲得他自己強烈的個人意志識別。

事實上，這樣的一個藝術觀點和行爲，已經在後現代主義盛行的今日，成爲一種普遍性的國際潮流。對此，筆者亦曾提出一系列「ART ONE BY ONE」的論證觀點，藉以嘗試剖析藝術創作在價值上的認同問題。在這個問題的解析演論裡，首先強調的是「新」與「舊」、「傳統」與「現代」的價值定義。任何互異的文化與藝術型態，皆與生具有各自多重性的對等意義以及對應性的平行價值。呈現不同型態、式樣、理念或是來自不同時期、派別或主義的藝術，在它的產生及存在之時，總是隨身具有一種不可侵犯的平等性自主權。

若吾人回看現今台灣，似乎乃舊有部份將「現代主義」或「前衛主義」解釋認知爲「現代」或是「前衛（激進）」者，而這樣的解析又往往被賦予「當代」、「最新」及「最具價值」的認定。因此，更而甚者，人們便相信了現代主義或前衛主義工廠裡的產物（某些藝術家們有意識或無意識追逐之下的某些作品），必是最爲「當代」的藝術形式理念。就在此種邏輯模式下，人們逐漸歧視所謂「傳統」。而此種以個人在對藝術本身認知時，所受到時間性的主觀影響之行爲（對某項藝術形式理念的認知前後順序），在此地已隱然形

成了兩種明顯的偏異的現象。其一是：不受時間流變所駕馭的正面「傳統」藝術，面臨了「當代」的無情審判。其二是：西方現代主義裡的傳統，經過了有意或無意的化妝、粉飾之後，儼然躍居為對「傳統」本身的控訴者。諸如此類之強勢行為，在不少的藝評文字以及競賽審核裡，即可清晰印證。

事實上，從藝術社會學中，最為簡潔、通化的角度——「藝術與社會互為串連」，來審視任何藝術作品，則作品本身在自然的瞬間存在定律上，根本無所謂「新」與「舊」或是「傳統」與「前衛」之分。因為當任何一種藝術堅持以時間性的前後來箝扣價值上的對比高低，並藉此批判其他藝術為「過時」、「無效」或「低價值」的同時，則其所秉持、奉行的藝術，也正在自我定義的洪潮裡急速流向枯萎和死亡。因此，其所秉持定義的「定義」將無法成立。

所以，當「傳統」被「流行」強迫性地趕入「前衛」的競技場，和「當代」進行藝術價值論的階級鬥爭時，有一個公平的競賽規則必須被牢牢記住，那即是：它們各自在形成期（被創作時）與存在期（此刻之前），皆獨自具有了反映其時代背景與意義的價值功能。換言之，任何藝術都具有主動反省和被動審視其背後主客觀歷史性與當代性的社會價值。因此，假使有人將「＞」（大於）或「＜」（小於）的符號強行設置於「新」與「舊」或是「現在」與「過去」之間，而成為藝術家在創作時的跳躍柵欄時，則此一陰謀性的舉動無疑是在削去自身的四肢，以突顯頭顱的高聳。所以，不論當代

187

藝術家所從事者爲何種形式或理念之創作，其只需知曉並絕對清楚自己「爲什麼」如此地在做「什麼」即可。因爲，「後現代主義」知識已明白昭告世人，其並非想要與「歷史」挑戰。「革命」本不同於「顚覆」，「顚覆」本身在後現代中並不存在。史蒂芬・漢利・莫道夫（Steven Henry Ma-doff）亦曾說過：「想要與『過去』一較高下，那簡直是太不自量力」〈註三〉。

對於藝術本身的定義，有很多從不同角度所導出的解釋。在此所論，將植基於藝術本身的「個性」以及是否反映它的背景環境。一件成功的作品可以由許多複雜的因素所構成。但假如縮小範圍而論之，則一件成功的當代藝術作品必定擁有非常個人化和原創化，並且至少同時間具備兩項功能。第一、它必須足以經由其藝術作品本身來詮釋藝術之定義精神。第二、它必須足以同時藉其視覺上的「內容」來反映其當代社會現實。簡言之，前一項可以被稱爲是「藝術外在形式的表徵」（藝術本身的個性）；後一項則可稱之爲「藝術裡層內涵的意義」。而一件當代作品的「形式」（form）與「內涵」（content）又必須足以連結並迴映其時代性的精神、意義與企圖。因爲，當代作品與當代社會之間，總是存在於一種互動的狀態之中。

以上這一簡單原則，對當代藝術家而言，可能是最爲基本的要義之一。「形式」與「理念」對一位創作者而言，是幾乎無法避免的兩大課題；也是無可避重就輕、置之度外的權利與義務。畢竟，「『形式』本身就是一種特殊的企圖—

一企圖在幻想發現某種特定元素之下的普遍原始生命；而此一企圖也正是讓每一個人可以激情反應的誘惑主因之一。而『內涵』，則是另一種想像的企圖——企圖創造一個立即的涵意地帶，並且此一地帶也隨時期待外圍觀者自發性的同步心理反應」〈註四〉。

二、作品的想像企圖——內涵

　　藝術是屬於文化在歷史及社會層面所發展之下的部分產物，基於這一層廣義的解釋，當代藝術被強調應該充分結合人間社會，並且必須具有反映社會功能。藝術社會學家愛德華・桑起・瓦仕克（Adolfo Sanchez Vasquez）就明白指出：「藝術與社會間的關係是無法被忽略的，對藝術自身而言，它是一種社會性的現象。因為，（一）不論藝術家的經驗有可能是多麼的粗淺或稀奇，藝術家本身就是屬於社會性的元素之一。（二）不論藝術家的作品可能是多麼深刻地產生自藝術家自己本身的最初經驗，或是來自於可貴而不可重複的實物概念，它總像是一座橋樑，聯接著藝術家自己與社會中的其他成員。（三）因為一件作品對觀者起了作用之後，則觀者原先的目標、理念或價值等便能夠再度思考或繼續演進。如此，社會的力量便夾雜了藝術作品的激情或意識，打動或轉移人們的主觀意念」〈註五〉。基於這一層認知，則另一種交叉線性的可能理論，即可以被導入「藝術」與「時間」的辯證之中，而得到以下關於作品「內涵」的推理：

　　在主義上最「新」的作品，不一定就是最好或最高品質

189

的藝術。在後現代裡，「新」，往往是來自於「舊」，而「舊」，在今日卻呈現出「新」的歷史意義和價值。然而，如此也並不意謂著一件藝術作品的內容性格不具有歷史性的客觀價值。事實上，假如從某一種歷史的觀點審視藝術，則任何「故事性」的作品都可能具備獨一無二的主觀價值存在。阿諾・豪澤（Arnold Hauser）在談到有關藝術作品內涵上的新舊價值問題時，就曾明白指出：「不論藝術家是如何地慣常影響他人或被他人作品所影響，它們從未表現出逐步漸進的價值提昇。晚後的作品並未絕對性地皆比前期作品更具價值（歷史改變內容）。因為事實上，它們是無法相較的……。簡單地說，在歷史的流域裡，今日高度文化的發展或是科技的精進（致使作品內容的更新），其本身並非就是一種價值提昇的成果」〈註六〉。

因此，就從藝術社會學中，對廿一世紀藝術作品精神性的期待角度而言，作品本身除了探討「藝術」（藝術為藝術而藝術）之外，作品本身自發性的「內涵」靈魂，是和外在形式的視覺機能等量齊觀的。它們和它們所存在的同期社會，是互為生產者與被生產者的對換角色。因此，今日觀者在面對一件作品時，其自由下意識的主動認知，以及被作品內涵所引發、刺激之後的被動思考，其層面廣佈的假設與先入為主的認定，皆極無可能脫離同階段的社會體現。否則，一切作品主觀的趨近認知，或是客觀的間距冥想，其對「內涵」而言，都將是毫無意義。愛德華・桑起・瓦仕克說：「沒有任何藝術的內涵不被社會的內涵所支配，而且也未曾

有藝術在企圖影響社會時失敗的。更沒有任何社會曾經主動棄絕其自身本屬之擁有其自身藝術內涵的權利，以及未曾有社會放棄以自身跟隨附帶的權力去影響藝術內涵」〈註七〉。

　　在今日，尤其是亞洲地區，已經有逐漸增多的人們開始懷疑其區域內，藝術作品對他們生命空間的真實價值問題——「作品精確性地反照社會現象，以及主觀性地詮釋藝術精神的當代性格到底在哪裡？」這樣一個半新不舊的疑問，已成為本世紀再度引人深思的迷點和話題。在台灣，有人為「世界化」的主觀目的，在創作時，不由自主地依循了其個人對某一西方潮流（尤其是在此地被普遍認為「新」的）的尊崇與仿創。有人被「本土化」的情結箍住，而變得對自我某種程度的反面壓抑，或是對自我某種水平定裡的過度伸張。而諸如過偏的主張或行為，其背後理念所依附滋養的動力，都可能是一種來自於對短線操作「國際化」的冥思或朝聖心理所致。

　　在後現代理念被假設性認同的原則之下，「當代」藝術作品的「內涵」已經沒有理念上的領土界點；而地域性的意識型態，也逐漸取代了霸權制式的既成規範。因此，目的性或短線操作性的「本土化」或是「國際化」，其「後強權」式的行徑作風，就往往如此一步步地逼使自己走入「為國際化而本土化」的反向胡同裡，而在這條只容單向前行的胡同裡，許多藝術家卻又毫不畏懼地給他人設下了一處「光明」的陷阱；最後，又不得不在過度耀眼的理論和藉口之下，反

191

逼使自己無法睜眼正視前方。這也就是爲什麼除了台灣的部份藝術家以外，其他亞洲地區的許多藝術家，也都會近似半明半盲地尾隨了歐美藝術的光芒，而在其自己的舞台上，睜眼閉眼地舞出了所謂「國際化」的藝術觀念或形式。鑑此之故，當代藝術家在爭取、建構獨立自主的藝術尊嚴時，絕對不可將自我「內涵」的布偶置於外人的手掌之上；否則，不論如何地英雄豪傑，其擺渡中的生命，也都將會隨著他人戲碼的轉變而隨時就地死亡。

嘗試再把立足點的基地移回到現今的台灣，則一個責任性的問題馬上顯現：「具有何種內涵的藝術才是足以被視爲台灣當代藝術」？有一種試探性的認知或許可以在某個方位之中成立——從各自特殊身分（個人或民族）、背景、社會、環境等主觀角度演進開始，進入與國際文化脈流互動之再還原區域性藝術。畢竟，以轉植外界藝術理念（其轉植觀念雖極爲個人化或國際化）的手段來達到述說台灣本土故事的目的，充其量，亦只是換上了嫁衣的掌中新娘而已。

因此，一位當代藝術家在從事個人化創作時，絕不可忽略其個人化的「可能性」。而此一可能性，更不可置本位深層的優秀文化個性於度外，並且拒絕與其外圍的生活等頻共振。而此乃如文化學家所言：如果「文化是最高的道德」，那麼「只有優秀的文化或優雅的文化，能保障高水準的道德於不墜」〈註八〉。

三、藝術家的特殊企圖——形式

　　除了作品本身的內發性涵意和它的社會形成串連之外，另一個被提出的問題即是：作品的外在「形式」如何眞實地展現其對「內涵」的詮述功能。這是一項較爲繁複的爭論焦點，也是較爲抽象的觀念問題。鐘・阿斯伯（John Alsberg）曾經對「形式」下了一個頗爲飄浮卻也彎晰透的定義，他說：「形式必須是具有意志性的……，形式並不是一些單純的心理性之物」〈註九〉。

　　除了鐘・阿斯伯的此種抽象化的解釋之外，對於當代藝術作品的「形式」而言，有另一項關於藝術本身作用的問題，也必須被加以重視，那就是所謂「藝術性功能」的問題。此一功能被認定是必須足以傳遞某種訊息；並且在進行傳遞訊息的整個過程中，又必須是隨時建構在藝術家自身理念與其背後社會思潮的連續振動之中。事實上，「形式」本身就應該是依藝術家個人對藝術的認知、經驗，以及主觀推理所塑造而成的。因爲，在後現代的時期裡，「藝術，並非是從抽象的思維下手以企求達到對形式的表現」〈註十〉。當然，假若一件作品欲成爲「有效」的藝術，則其「形式」便不可能只是一種比較性的參照創製而已，也更無法只是一件奇異的嘩衆取寵或翻譯之物即可。

　　同樣據此角度，試探台灣藝術的「形式」原則。所謂觀念藝術、裝置藝術或觀念性藝術等，已成爲近年來本地在藝術創作上的另一座新地標。而此一強權式地標之所以能不分優、劣，在台灣本土暢行無阻，並艷驚群雄、得寵藝評，其主要原因除觀者對「新」「形式」的某種經驗誤差及過度崇

193

拜之外，或許就如羅勃特・史密斯在一九八〇年所言：「觀念藝術（在外型結構上包含裝置藝術）大概可以說是整個廿世紀裡（雖然其盛行於六〇年代），最爲大宗、高速成長，以及最爲被國際流行化了的藝術運動」〈註十一〉。因此，有關觀念藝術（姑且不論其被引進的角度或內容）的各種「形式」或「觀念」，在尚處初探的台灣地域〈註十二〉，即已瞬間成爲當代藝術的新寨主。然而，從另一個角度來看，則在時間上原來不具意義的「新」，卻因而被「潮流」所過度強調，並將之置於觀念的「值」之上。如此，便導致觀者、藝評，甚至藝術家本人，在面對藝術「形式」的價值認定之時，必須經常性地思考一些形式本身在自我社會中的時代意義問題。

　　所以，當台灣過去一向以西方心理學規範的美學價值，來度量現今藝術形式的本位價值時，某些不平行性的矛盾和衝突便日益複雜難解。事實上，當觀者（藝評）本身以某種西方心理學上的美學傾向來趨近當代藝術時，其下意識的主觀判斷，便已造成對自我無法獲勝的挑戰。畢竟，當代藝術的「形式」，在其作品自身裡的定位價值，已無法以（也不屬於）傳統視覺經驗標準下的美學要求觀之。筆者一向強調的「承載深層理念重於傳達表象美感，獨立人文意識優於美學規範守則」，似乎也就值得爲當代藝術對「形式」的簡易參照指標之一。此種不受侵犯的理念，或許就如左道（Donald Judd）和杜象所同時說過，並被傑佛・寇斯（Joseph Kosuth）收錄於其《哲學後的藝術》一書裡的一句話：「假使有人說

『它』是藝術，那麼『它』就是藝術」。只不過，此種盛行於六〇年代中期到七〇年代的「一切解禁」之觀念，卻也容易淪爲本地當代藝術家在恣意縱容自己時，一種包上糖衣、屢試不爽的美麗又危險的藉口。

　　總之，當代藝術的「形式」在詮釋其背後的「內涵」時，必須盡可能地擺開傳統心理學上的美學心結。在今日，「假使人們仍然認爲『心理學』將足以解釋一切所有的藝術評判，那將是極爲危險的。因爲在心理學（美學）家所知所爲和判斷一件作品之間，似乎並沒有任何關聯性的物質存在」〈註十三〉。因此，當本地當代藝術家在今日「後台灣本土意識」的疑惑之下，面對自己的個人化創作時，便不能輕易忽略：「『台灣』，是屬於人文的『定義』，而不該只是地理的『地方』；台灣的『當代藝術』是依存在台灣的『生活方式』裡，而不是附生於被強調的『台灣文化』裡。眞實的台灣生活內容，就會是台灣文化」〈註十四〉。據此，試看台灣當代藝術家可能的創作原則，則似乎可以暫歸如下：一件台灣當代藝術作品的內在「涵意」，被認定是必須能迴映其台灣當代社會（形而上或形而下），並能與其社會進行等頻互動；且其外在「形式」，也必須主動顯現藝術家個人化的獨特人文理念。此外，內在「涵意」與其外圍環境的關係，以及外在「形式」與其時代思潮的關係，其皆如「形式」與「內涵」的彼此關係一般，都應該是存在於某種等距擺動的慣性常態中。

附註：

註一：Hal Foster,「Postmodernism : A Preface」in Postmodern Culture, 1990, p.vii

註二：Jean-Francois Lyotard,「What Is Postmodernism？」, Art in Theory (1900 -1990)-An Anthology of Changing Ideas, 1993, p.1014.

註三：《繪畫中的後現代主義》，羅青譯，一九八九，頁七一。

註四：Jean Durignaud,「The Sociology of Art」, 1972, p.50.

註五：「Art and Society」, 1973, pp.112,113.

註六：「The Sociology of Art」, 1982, p.80.

註七：同註五，p.113.

註八：「文化的內涵和優越氣質」，曉雲法師，一九九九，四，二十八，於華梵大學導師會議。

註九：「Modern Art and Its Enigma」, 1983, p.19.

註十：Conrad Fielder,「On Judging Works of Art」, 1978, p.49.

註十一：Conceptual Art in「Concepts of Modern Art」, 1981, p.262.

註十二：事實上利用裝置守法的觀念藝術或是觀念性藝術，在一九六〇年代下半的台灣已經逐漸被少數藝術家引進運用，他們結合現代主義的部分觀念，製作了一些極為「前衛」的裝置藝術（例如：黃永松、梁正居、秦松等），只是在當時一般人並無法或願意接受此一完全陌生的外來產物，因此，在往後的七〇、八〇年代裡一直無法成為台灣當代藝術的主流。（參閱賴瑛瑛《台北類達達》——「達達與現代藝術」，一九八八·六，頁一七二——三。

註十三：L. Wittgenstein, Lectures and Conversations, Cyril Barret (ed.), 1970, p.19.

註十四：姜苦樂（John Clark）言。節錄自一九九四·十二·三，筆者與其談「本土藝術」內容。

第十二章
從台灣「認同與記憶」到「情境泛政治」——藝術的排他與眞理

197

第十二章
從台灣「認同與記憶」到「情境泛政治」—— 藝術的排他與眞理

　　在中國的歷史上，有許多的革命，是由於「社會階層」
的問題所起。在近代台灣，一些文化意識的爭執，也是源於
「社會階層」問題的不平。而這個所謂「社會階層化」的定
位，正是社會學分析中，一個足以明白指出「社會意義」的
重要領地——任何社會（不論是中原或是台灣），都含括著許
多相關的層次，而其彼此間，又存有著另一層屬於特權或聲
望上的權力統屬（superordination）與從屬（subordination）之
關係。

199

　　或者可以再說得簡易些，在任何社會中，「階層化」，
即意指著一個無可避免的「等級的體系」，有些階層位於高
位置，有些階層則處於低位置，而所有的這些高低不齊的位
階總合，便構成了一個社會的階層化體系。而在台灣本土的
文化層上（包含所謂的政治），我們即是有過比較特殊、或稱
不合理的社會階層化體系，也因此，在我們今日的文化園
中，我們才有了這所謂的「認同」與「記憶」的複雜心事產
生——到底是去認同記憶中的人、事、物？還是去記憶認同
中的人、事、物？

　　事實上，在這個唯一的地球村中，任何一個地區或民族社群中，所存在的問題爭執，其不論是新仇或是舊恨，也不論是邪說或是正義，它們通常都離不開個人化的「認同」與「記憶」的深淵。人們試看中東地區的約旦河仇恨，再看東南亞戰後的美帝意識，更或甚者，從島內日據時期的台灣意識到「二二八」的歷史情事，其皆無所不在地訴說著一種人類的苦痛，是來自於「記憶」的力量；並且，在我們的記憶之中，任何人願不願意去「認同」它所記憶中之事，更是一件令人痛苦萬分的抉擇——這就彷彿是在人們一生的戀愛史中，如何去面對（認同）遺棄與被遺棄的事實（記憶）一般，那可能都是讓人深覺滋味酸澀的。

一、認同記憶與記憶認同

　　通常藝術家們所呈現出來的作品，其中有很大的一部份，即是在影射著藝術家個人或是他所關懷記憶中的一種存在於當今台灣社會中的「階級位置」問題。而這樣的「階級位置」，便是裁明著對於一個「凡人」在台灣社會中，所能期待的認同命運之可能性或是生存機會。而在台灣當代藝術家們的創作過程中，這種透過不同的手法，運用不同的材質，擇取不同的定義，而建構出不同的記憶，然後再呈現出互異的「階級」認同之藝術行為，即酷似於昔日馬克斯・韋伯（Max Weber）的階級理論說——以一個人可以完全或部份理性所持有對生活的「期望」，來定義自己所面臨的階級。

　　當然，台灣當代藝術家們，在認同與記憶的關懷點上，

對於自己作品所含蓋掃射的「階級」領域，是不光只是鎖定
在因歷史階級位置所衍生出來的記憶問題上。有另外一項潛
藏在藝術家個人認同意識背後的重點工作，那便是藝術家們
在探索、熟悉過去與現今的歷史事實之後，對於自己在情感
上的處境，如何去做一項先能說服自己，而後又能自圓其說
的有力言說。當我們處心積慮或是渾然不覺地涉進了認同與
記憶的沼澤之林後，我們的內心情境，即開始搜尋著所有參
與社會生存中的「實在」問題——包括了本土行爲中，許許
多多荒唐或虛妄的面貌。而我們台灣當代藝術家，這種在自
我的記憶之中，檢視了包括自我之外的所有社會參與者之認
同傾向，即正是與美國社會學家威廉・湯瑪斯（William I.
Thomas）在社會學中，所率先提出的「情境定義」（The Defi-
nition of Situation）之問題不謀而合。

　　是故，當我們在自我的認同與記憶的「情境定義」之下
創作時，我們有很大的一部份力量，是耕耘於「指出」那些
過去或是正在進行中之「社會階級」所藉以干涉、或是決定
我們生活形式與內容的冷酷控制力量。然而，話又說回來，
在當今世界的每一個區域當中，每個民族與社群，同樣都是
存有著自己在「認同」與「記憶」上的苦痛與驕傲之社會現
象與藝術創作。因爲，假若認同與記憶的尖銳問題，就因爲
藝術家們的「舉發」或「關懷」，而馬上獲得滿意的解決的
話，那麼，這世界將會變得無限的美好與甜蜜；當代藝術家
們以涉足當代議題的關懷創作，也將會趨於無事可做，而最
後，只得重新走回到以「唯美」爲藝術唯一指標的傳統「審

美」世界去。

　也因此之故，諸多事實便證明了：那些存在於我們島內的某些冷酷的控制力量與理念制度，並不會因為身為藝術家們的揭穿創作，而歸於消除或改善。以「反映社會傾向，與當今人群互動」為自我崇高抱負的當代藝術家們，在複雜又牽連的認同與記憶的生活之中，不僅是和週遭的「凡人」一樣地受到了同時代人的愚蠢所支配，並且，也同時受到了幾世代前偉大「死人」們的愚蠢所左右。而更有甚者，在當今文化現象徵候中，我們解讀到了：在台灣與中原的歷史之中，那每一件聰明與愚蠢的「偉大」人、事、物，在被刻意地傳遞之後，即在每一個時代中，都得到了無以倫比的百般尊崇與任信。尤其是在台灣「本土」的歷史漩渦中，許多的事實與現象，更是明白地告訴了我們：每一處我們所賴以生存的「情境」，不光只是被我們同時代的人們所定義，而且更是被我們前時代的人們所預先定義。而這種無奈的事實之所以發生，乃是因為：對於任何的價值認定問題，在過去，我們無法向「正統」的尊貴者、或是已經死去的祖先們回嘴。而他們一廂情願的私自認同，又通常比我們當代所建構的錯誤記憶，更加地難以消除。所以，在今日，我們所最為在乎的問題之一，或許就是如馮特內（Fontenelle）的那句名言一般——死人比活人更有力量。只不過，人們至今仍然是不怎麼服氣！

　但也無可否認的，身為藝術的創作者，人們總是堅信自己的抱負與理念，是有如華陀的提壺濟世情操一般，人們也

總是相信自己的創作表現，犀利得足以刺穿每一樁「合理」
的謊言與假象。然而，藝術家們在自我的固執記憶中打滾的
結果，卻也往往會得到某些不合情理的認同傾向，而最後，
「藝術家的宏願」，很可能就會變成了一種有如阿Q式的自
戀情結。這似乎是一個「明確」的可能。此承如許多當代台
灣藝術家的一些系列作品一般，其即喻示了藝術家在針對
「他人」的「認同」與「記憶」的問題之同時，也面臨了自
己的「記憶」與「認同」的困境。因爲投身於創作的吾輩當
代藝術家們，在試圖給予我們這個「想像的社群」（imagined
community）〈註一〉一個永恆的終極性詮釋時，我們即預設
了自我有如「救世者」的優先性「階級位置」一般。我們把
自身想像爲某種「弱勢」或「次級」、更或是「替天行道」
的代言人，可是，我們自己的此種「身份認同」的確立，本
身就已可能是一種有如神話式的意識型態幻想而已 ── 一種
來自於權力策略與知識圖像的幻覺。而這種幻覺的記憶或認
同，也就往往更讓人失掉了對自身「身份」的清醒認識。

　　因此，在自我的創作中，藝術家們是避免不了面臨了與
一般「歷史偉人」所面臨的困境一般：有人始終以一個拯救
者的身份出現，試圖去安撫每一項緊迫的終極問題，並且將
「想像社群」當成是一個總體想像的符碼、最後再把「想像
社群」所承擔的一切苦難和所欲追尋的幸福，全部化爲自己
的神聖任務。因此，身爲藝術家的代言行爲（創作表現），就
自然而然地變成了無從加以否定的「合法性」事實──不管
代言的內容與態勢是否爲「合理」或「眞實」〈註二〉。所

以，當代藝術家在對自我與「想像社群」的超驗記憶與認同
中，就必須慎防將自己變成了如米謝・傅柯（Michel Foucault
）所謂的發出「牧師權力」的特選人物一般。否則，任何經
由「認同」與「記憶」所轉化出來的作品，終將會步上另一
種背負著控制「想像社群」的「認同」與「記憶」的幻想性
意識型態。

　　總之，在本土台灣，當我們開始可以光明正大地站到檯
面上來關懷自己時（一九八七解嚴後），我們的社會，已被註
定是一幢心事重重的歷史實體。它在時間上，超越了任何個
人化的豐功偉業傳記；它在空間上，也攀過了我們所能輕易
指涉的層次範圍。台灣本土社會先我們而在，也將會存在得
比任何「偉人」還久遠。台灣的「認同」，在我們出生有
「記憶」前，她就早已存在在這裡；在我們死後，她也將仍
舊會在這兒。任何企圖私自「定義」台灣的認同與記憶的生
命，終將會被證明只是穿越台灣時空的一段小插曲而已，而
這種自恃的插曲，也終將會被監禁於台灣的歷史圍牆之外。
因為，我們的「社會階層」或「身份」並不是「既定的」，
我們對自己身份的認同，是來自於我們對自我社會認知的行
動中那種被自我「記憶」所賦予的真正「認同」。

二、「泛政治」與「泛後現代」

　　韋伯和馬克斯一樣，認為「政治體系」就是「國家」，
它包含了國家「執政者」與國家機關，而在這個組織當中，
有一項最為特殊的權力，那就是擁有「合法」使用武力的權

力，但是有別於馬克斯的是：韋伯認為國家並不是為某一階級所利用的壓迫工具。國家的「政治」，是分屬於不同階層的代表，所參與一切權力行使與利益分享的競爭舞台。

因此，就社會生存的事實眞諦而言，相關於社會大衆之事乃曰：「政治」。而跟隨著「政治」而生的就是「制度」。在正常的社會運作之下，社會「制度」的功能，是把過去人們所創造的東西保存起來，並妥當傳給下一代有關前人的許多思想、信仰、風俗以及物質的東西──如生產工具與藝術作品的存在等，這些都是緣於社會制度而存在。

此外，社會制度的另一項功能，便是鼓勵創造新式的東西，以促進人類文化的進步。近代資本主義的制度，就是由於提倡自由競爭與鼓勵個人的創作力，也因此它便促進了許多生產方法的發明與改進，人類的物質文明與精神文化，也因此便更加地進步。所以說，正確的社會制度是足以保存人類的固有文化、知識與開發新文藝的創造。

在對於「政治」有了以上了解之後，人們再依此環顧今日台灣的社會文化與政治事實，人們發現了什麼現象？人們又承擔了什麼忍受？而在這「人們」的群體中，藝術家又能如何自處與應對？

羅莎琳・卡素（Rosalind Krauss）和道格拉斯・庫寧（Douglas Crimp）曾經述說著：後現代主義乃是一種在美學觀點上，與現代主義的完美主義斷交的主義。費潔克・傑姆森（Fredric Jameson）與珍・佈吉拉（Jean Baudrillard）更謂後現代主義是一種在空間與時間上的新式精神分裂症（schizophrenic）〈註三〉。而在台灣，我們有許多人喜歡把「與過去的不一樣」，或是「與『合法』的不一樣」的事物與現象，統以「後現代」來暱（戲）稱。這似乎真有著某些可愛與無奈的一面。近年間，當許多西方藝術家友人，來台灣造訪時，他們常驚訝於台灣的都會景象——例如街道雜亂的妥協感，建築物的彼此造型與色彩的衝突，以及死巷內居然蓋了高樓大廈……等。而我們台灣本地的藝術家們，卻也能「無奈」地以「後現代」來做自嘲式的回答。

在台灣，為何有那麼多的自嘲式「後現代」現象呢？當我們再探討本土的台灣文化時，許多的「台灣人」卻不願意去面對自己所下「台灣人」的定義，因為在定義裡頭，不論是一九四九年以後來的或是在此地出生的我們，都不是「台灣人」！李敖曾自稱自己是「中國豬」，並且說：四十年前來台灣的都是「中國豬」，四百年前來此的，也是「中國豬」。為什麼呢？因為在「宜蘭縣誌」的紀錄裡，最早在台灣土地上生活的「人」，都被追殺到高山裡去哭了！在昔日台灣的政治制度下，人們所可以見到的台灣歷史，其所述說的文化與藝術，是否就是披著另一種本土光環的自私外來文化與政權？真正的台灣本土文化，到底有否受到「政治」與「制度」的基本尊重？還是民眾根本就是有權利為自身的生存與自己免於恐懼的權利，而更積極地去「泛政治化」！因為只有依賴「政治」——某種程度的泛政治化，才足以改變不合理的社會現象與文化。

法蘭克（Frank Avary Wilson）曾說：就在此時，對於一

位夠聰明的藝術家而言，他或許應該遠離「政治」的目的性
活動，因為，就「政治」的定義而言，它根本就是一件權力
的遊戲——特別是針對那些不善於耍弄權力魔術的藝術家而
言。忠懇地說，當人們尚活在這個失去人性的世界時，藝術
家所可以對自我社會提供最好的教化服務（藝術服務），莫不
過是去追求自我的人性知覺與創意的藝術方向罷了！〈註
四〉。

　　身為一位藝術工作者，法蘭克或許也是對於其所在的社
會有著失望的情結存在。也因此才會對政治與藝術、政治與
文化間的關係說出了以上的看法。身為台灣今日的藝術家，
我們對於自我的社會，又充滿了何種的情愫呢？人們知道，
藝術的表象行為往往與其背後的真實訴求，有著渾然不同或
是不直接的關係存在。例如：豐滿的裸體女人，並不就是絕
對意謂色情的象徵一般。只不過，藝術家是誰？觀者又是
誰？它又會不會也成了一件「船過水無痕」的「泛後現代」
公眾表演藝術？

207

三、藝術的排他性

　　藝術的創作到底有沒有真理？如果沒有，那為什麼世界
各地、從古至今，有那麼多的人們進入學院學習藝術？但
是，如果真是有其真理存在，那麼，又為何總是有那麼多的
人拒絕接受真理呢？

　　藝術的「真理」，是否必須足以解釋：為什麼會有人拒
絕接受藝術的真理呢？對此，「歷史的問題」，會不會是另

一個較爲中性的可行答案呢？還是啓用「辨證」的方法，較可能尋找到令人滿意的結果呢？關於這個問題，我們雖然可以借用馬克斯的歷史唯物主義去試作了解（因爲歷史主義在西方社會所具有的意義是非常地遼闊，它可以解釋不同價值觀的存在之前因後果）；也可以挪用與史達林、恩格斯思想相聯繫的「辯證唯物主義」來作爲尋訪的對象（因爲辯證唯物主義是企圖同時運用辯證法去解構歷史和自然）。但是，歷史的唯物主義，似乎只關乎歷史的，其和外圍的存在、天性等之形而上學，是較不具關聯的。而辯證唯物主義的辯證法，也只是在歷史中才產生作用，在自然界中，則又不似存在。

因此，有關乎藝術創作的眞理問題，就不是一般簡單的因果關係可以擺平的了。在台灣，它顯然是牽扯到了我們自身作爲一種認識的主體時，其所具有的條件和所處的環境問題。而這也就是西方辯證法中的自我意識——亦即「我們自身的可能條件」。當然，在論及藝術的課題時，這種自我意識，並不是指與生俱來的階級層次，而是指我們自己所處的歷史環境。所以，當人們在述及所謂台灣藝術時，我們必先了解到：數百年來，台灣就是一個移民社會，其族群議事與地域觀念原本就不甚強烈，因此，台灣的藝術「定義」或「眞理」，理應是以對這塊土地的認同與貢獻之強度而來論斷，然而，遺憾的是：歷史的事實果眞如此嗎？

米謝‧傅柯（Michel Foucault）在七〇年代即指出：「斷裂」並不是絕對的「變遷」，相對的，那是一種知識流域的

重新劃分〈註五〉。但是，傅柯也承認，有時候他會過度膨脹歷史的斷裂問題，但那是一種權宜之計——爲了與傳統理論中所謂「歷史進步」的連續性之霸權相抗衡——也是一種爲了教育上的目的之權宜之計〈註六〉。但是，在台灣當前的這個時空裡———個到處充滿「主流」權力關係的時局中，藝術家們自我之「藝術」，不論是本土性或地域性，其該如何中肯而厚道地施展與發揮呢？

　　在過去，在不同風格的藝術中，總存在著某種「無邦交」的關係，有時甚至是出現敵對的意識。當然，這種現象形成的主因，可能是（或大部份是）來自於「理念」的堅持有所不同，或是有時候出現某種「革命」式的「推翻」企圖所致。其例如抽象主義與寫實主義之間的感情便是一例。而這種對立的關係，在過去，被部份的藝術史學家們認爲是人類藝術史進化的一項重要原動力。而套用羅勃特‧阿伯利（Robert Arbrey）的理論解釋：這樣的現象，彷彿就證明了「人性」確實是存在的，只不過，這種普遍存在的人性，並非是昔日盧騷所提出的那般「同情」與「善良」。相對的，那是一種侵犯的欲念。在從很多生物的現象中觀察，「人」，被證明是一種侵犯性的動物——喜好衝突和暴力。這個觀點被引證到了文化上的民族主義時，則出現了歐、美洲白人歧視黑人爲劣等民族的「排他」行徑，以及亞洲已開發黃種人視低度開發的東南亞原住民（或黃種人與原住民混血者）爲次級種族；然後，白人、黑人再不約而同地低視亞洲黃種人。而這似乎就是所謂的「地區性命令權」的陰魂在

209

飄盪作怪所致。

假如嚐試從以上的這個推理來驗證台灣本地的美術發展與歷史事實，則似乎很明顯地，從日據時期至今，其雖然時代背景有所不同，但是，某些在時局主流風格以外的其他風格作品，總是被主流群者視爲「低等」的這種「現象」或「事實」，卻是一味不變地存在。而這個持續現象，人們以今日的後現代精神來重新再次審度時，則其難免地會有失於過度「強權霸道」了點。因爲，在後現代理念中的其一重要精神，便是告訴人們：可以不認同，但是必須尊重別人等同生存（存在）的權利與事實。（而其實，這個理論套用在今日台灣的國際政治關係中，就叫做「務實外交」）。

因此，現今藝術家們在執行自我創作時，是有必要先行考慮將其週邊所謂社會性的「物質生產」與「慾望」，自其本身社會性的壓抑力量（不論是隱性或顯性）中解放出來。而如此的行爲或動作，在藝術家與社會的關係運作中，則便稱爲「解碼」（或稱「解疆域化」）。而此一「解碼」，對於當代藝術家在創作上的重點力量則是：因爲對於壓抑性社會的符碼（我們幾乎每日都是活在壓抑或被壓抑之中）先進行「解碼」，就將可以使得個人的「慾望」，跨越出限制性或被限制性的心理場域與空間疆界。

四、 藝術的眞理性

在尼采的思想系統中，「觀點主義」，即不曾同意世界上有絕對的「事實」。因爲，「事實」的出現或是被了解，

皆是源自於「詮釋」而來。是故，這世界似乎只有不同的
「詮釋」存在，而無任何單一獨立的絕對「意義」。因此，
人們的社會中旣然沒有了唯一的意義眞理；有的只是在多種
不同角度之下的意義解釋，所以，諸多觀點主義者也就體悟
到了：人們所需求的只是一種探解各樣現象的所謂「多元詮
釋」──人們可以有無限多的角度和方式，去詮釋這個世界
的各種現象或「事實」〈註七〉。而就在過去的十數年當
中，台灣藝術界裡所出現的某些強勢人、事、物之現象或事
實，是否也就是被某些特定強勢的人、事、物所刻意「詮
釋」出來的「代表」性之「眞理」與「意義」？

　　而除了尼采以外，傅柯亦曾認爲：「一個總體化的歷史
描述，經常把所有的現象牢繫於某一特定的中心之上，而此
一「中心」，即人們所貫稱的所謂：意義、精神、世界觀或
是整體的模型」〈註八〉。而台灣美術界在過去的每一個時
期之「主流藝術」，便是被「藝術執政者」所有意飼養成長
的「總體認同」。是故，一般的外圍人們，也只有順理成章
地「接受」了那些所謂的藝術「眞理」與「潮流」，並且，
被迫（騙）無知（或不能知）地無視於其他藝術價値的存在與
認同──例如台灣民間數百年來的彩繪與雕刻，便總是被
「合理化」地壓抑在「正統」的「國畫」與「西畫」之下，
而長期屈居於遠房偏室之荒。

　　所以說，在今日看來，傅柯以上的理論，似乎正預言式
地對應了台灣過去的藝術史觀。而其實，傅氏之意，正是明
顯地在「檢討」（或批判）現代主義中的「總體歷史」概念。

211

也因此，傅柯乃提出了「不連續性」的理念，來取代過去
「總體」之概念。而此一「不連續性」，即是後現代概念中
的「一般歷史」──非特定或執政者觀點之歷史或事實。是
故，傅氏便進一步地宣稱：「一般歷史，是展開於分散的空
間裡」〈註九〉。傅柯的此一理念，即帶動了近代許多西方
的美術史學家們，在研究、立論人類的藝術演變時，不再一
成不變地擁抱昔日傳統的「直線」連續方式，而來作論評
述；而改以「多點」擴散形式的方法，來重新探解各種藝術
的可能或「事實」。

　　也因此，對傅柯而言，馬克斯和黑格爾的歷史演化模式
即是失敗、甚至是極為惡劣的例子，因為他們都以一種不恰
當（對大部份人們而言）的手腕，將大部份的「現象」掩藏，
然後去凸顯、揭示小部份的「事實」，而此種極為抽象的立
論構造，便如此輕易地達到了其企圖的敘事「總體性」──
一種在非常時期裡稱之為「共識」、而在真正民主社會中則
應稱為「騙局」的東西。因此，人們在此種偉大「總體性」
的教化之下，便自然而然地失去了警覺性──警覺到所有事
務的關係是複雜的、是分散多元的、是個人化的。然而，卻
又無奈的，今日人們在其過去習慣催眠式的「總體性」認知
之下，總又是相信了凡事可以約化出一個法則、或是一個模
式、甚至是可以追求「統一」的直線行徑。是故，傅柯便針
對了馬克思與黑格爾的上述思想陷井，而決然地提出了對
「總體性」的質疑，並進而倡導對任何歷史事件、或是思想
理念，以某種不同於「正常」的立場，去試著探勘：它們是

否存在著可以被重新而恰當地認識之可能性〈註十〉。

　　而從歷史的眞象中看，其實馬克斯與黑格爾的那種「藉
著遮掩多於揭示」的著史立論手法，確實早已被許多近代的
政府領導中心所引用，尤其是在大戰後的亞洲多國。而且，
其「效果」也確實極爲驚人。在台灣，過去人們所習慣背誦
的「中國人」「歷史」──政治史或藝術史，也皆似乎是如
此這般的產物。當然，在那裡頭，也包括了在「政治」（其
實是「文化」的另一別稱）執政之下的「台灣」近代美術發
展「史」。

　　迄今仍然未遠，當傅柯在論及歷史中的政治與社會問題
時，曾經說過：「在今日我們所生存的社會中，那「政治」
的眞正任務應該是在於：致力去批判那諸多看似公平且又中
正獨立的制度運作；並且，去揭發那些假藉著遵循合理制度
之運作，而實際上卻是在掩護自我政治暴力者的一切企圖（騙
局）。因爲，若非如此，則我們將無以與其抗爭與並存」〈註
十一〉。今天，如果我們再將傅氏的此一理論，搬移到島內
近年間藝術創作的「目的論」來看時，則某些「當代主流」
藝術家的創作形式與內容、甚至是其動機，是否也有著某些
明修棧道、暗渡成倉的事實或企圖？

　　人們對於台灣過去的了解與回顧，是絕對有助於對現今
價值的判斷與認同。但是，絕大部份的那些理解，亦都只是
一項外在的動作或行爲而已。身爲藝術家之從事創作的「眞
理」之局限性所在，仍然是來自於我們現今所處的這個歷史
環境。所以，先行解構現階段自我存在的生活環境，才有較

大的可能性看到藝術作品背後的容顏。易言之，過去的「既成」歷史既已如此；而今後，身為藝術家的我們，有能力在受到昔日「主流」的招喚之後，而依然能維持清純的村姑本色嗎？環顧島上衆家才女、好漢，誰有此定力，誰就能夠共襄建構新台灣的主體藝術。

附註

註一：Imagined Community 乃為 班尼迪克・安德森（Benedict Anderson）在評論「民族主義」時的特用語。

註二：然而，這種「合理化」的藝術家代言行為，也會有面臨難以抵擋的挑戰窘境。一九九六年八月中在日本某一項展覽中，一位美國當代女性藝術家，以氣球的方式表現，所製作出的大型充氣人物模型中，那下體凸出的龐大男性生殖器，即受到了廣大群衆的抗議，最後不得不令承辦單位以一條白布，類似以「包尿布」的形式將「它」蓋住。

註三：Postmodern Culture, Hal Foster (ed.), Pluto, 1990, p.vii.

註四：Frank Avary Wilson, "Art, Society and Politics " in Art as Revelation—the Role of Art in Human Existence, Centaur Press, Fontwell, Sussex, 1981, p.257.

註五：Michel Foucault, The Order of Things, Vintage Books, New York, 1973, p.345.

註六：Michel Foucault, Power / Knowledge, Pantheon Books, New York, 1980, pp.111,112.

註七：Friedrich Nietzsche, The Will to Power, Random House, New York, 1967, p.326.

註八：Michel Foucault, The Archaeology of Knowledge, Pantheon Books, New York, 1972, p.10.

註九：同註八。

註十：同註八，p.26.

註十一：Michel Foucault, "Human Nature : Justice Versus Power", Reflexive Water : The Basic Concerns of Minkind, Fons Elder (ed.), Sourenir Press, London, 1974, p.171.

外一章
台灣當代藝術的現實
策略與評論可能

217

218

外一章
台灣當代藝術的評論可能與現實策略

　　在複合文化已成為國際間自然走向的今日，許多西方藝術、文化學者針對「當代」或「後現代」的解釋，已經逐漸從舊日的基石，拉近到以東西柏林的倒牆及國際間兩大強權冷戰的結束，甚至於是南北韓關係的改變，以及台灣半世紀來第一次的政權和平轉移，來作為面對新世紀的新界點；並藉此探求當今地區性各種文化之轉異、變遷以及融合的問題。

　　在此一新的共識之下，「藝術社會學」便自然而適時地在文化藝術圈中被凸顯而出，使其在探討當代藝術演化中，扮演著前所未有的新角色。因此，許多傳統美學和哲學的推演秩序與思維角度，被迫急速修正。據此以觀之國內情況，多年來獨立建基於傳統威權美學、哲學、心理學、社會學，甚或藝術學之單柱結構中，而運行導論的程序、理念以及藝術倫理，也將不可避免地再次面臨新的挑戰與革命。

　　「藝術成為一種示威」，在藝術社會學中的論證觀點裡，是一課頗具尖銳而又深沉，且略帶含糊（ambiguous）的問題。許多學者常有對立的析辯，甚至偏離主峰的反定義主張，也另成學說。然而，截至目前為止，這個行之有年的觀

219

念或學說，在今日台灣彷彿仍然未被普遍重視或討論。但無論如何，「藝術成為一種示威」，在西方藝術的演化過程中，確實從藝術本身到社會之間，找出了許多軟性而潛藏的問題；同時，也解決了一些藝術創作本身的週邊爭議。因為它所足以涵蓋的層面至為廣闊，許多昔日被視為是藝術創作領域之外的事件與現象，事實上，若吾人改以「藝術成為一種示威」的這個角度重新衡量看待，則一切的文化事件與藝術創作之意義與影響，自非是往昔秩序與權威之下的唯一解釋。

在台灣，很大一部份的藝術與社會脫節的實情，可謂是半世紀以來的普遍現象。而究其因果關係，則過去中央一貫重經濟、科技而輕人文、藝術的教育政策，恐怕是主要的導因之一。而其間，行政專業認知的不足與執行體系的偏差，固然亦是其要因之一，然藝術界本身的艱深理論或展演，也時常曲高和寡、游於社會大眾之外，此自也難免其責。當然，另一種介於藝術文化「生產者」與藝術文化「消費者」之間扮演著重要推波助瀾的「藝術評論」，未能充份發揮其功能，當也是關鍵所在之一。

一、 古建構物的生命可能維繫

一九九九年，國民黨所擁有位於台北市的一棟建於日據時期的古老建築，由於其內部空間的不敷使用，以及諸多發展的問題所致，一夕之間被拆除殆盡，以利重新起造新式的現代智慧大樓。同年間，有關台北市迪化街一帶古老建築及

週邊街道的改建、拓寬問題，也成了有關單位進退兩難的燙手山芋。而類似的事件，離筆者故居不及三箭步之遠的宜蘭礁溪協天廟老戲台，也被拆遷了〈註一〉。廟方的理由極為簡單：老戲台「擋」在廟前廣場，影響進香客及遊覽車的出入；並且，老戲台舊了（一甲子餘），拆遷後其空出來的空間將重新建蓋氣派非凡的新牌樓。但更重要的是：老戲台為廟方所有之私人產物，廟方管理委員決議拆遷即可拆遷。其乃援例報載：國民黨中央黨部舊址為國民黨私人產物，只要黨同意即可拆除，無他人可以置喙之地。

因此，一座原本不為人知、且又未達國家古蹟標準的礁溪協天廟老戲台，一夕之間便成了全國的文化新聞焦點所在。唯奈何，以文化立縣的宜蘭縣長（當時的游錫堃縣長曾苦口婆心，不計拉下身段的溝通、協調），以及主管全國文化建設的文建會之龍頭之尊，卻也都面對此一窘境而束手無策、無力回天。其存在的矛盾與衝突之處令人扼腕——因為其皆慨嘆於無法可管。

當然，有關古蹟的判定、保護，以及私人產物的法定權利，這之間所有有關法律、政治的複雜角力問題，並非吾輩文化之人可以輕易透析、插手。但是，身為台灣文化人的一份子，我們不禁質疑：上一代、這一代，以及下一代，我們教育和被教育中的諸多存在價值觀是什麼？是追求唯一富裕的物質消費體系？是擁抱「最新即是最好」的觀念哲學？是崇拜科技超越一切的次文化認知？還是反後現代精神的主義空虛論-----只要我喜歡，有什麼不可以？（這個想法常被部

221

份國內藝文界所錯誤引用，並深信其即為後現代的中心思
想，故造成許多非多元（雜亂）、非自由(放任)的偏頗藝術
行為）。

　　如此之是，屬於整體社會文化層面的價值觀問題，亦絕
非是吾人可以輕易闡述剖析清楚的。我們意識到了後現代主
義中，不同區域文化的種種普遍現象；也體會到了後現代主
義精神裡，對當今不同社會的諸多差異及共通處。但是，這
一切似乎都只是裁示了：科技發達與物種進化的某種「逆文
明」之現象正在快速變化而已。而這個遞變即將轉換至哪一
個價值體系之中繼續「進化」呢？這似乎就難以輕易預知無
誤了。

　　但是，假如吾人能以後現代的社會價值論為基石，在藝
術與功能的兩極之間，試探當今尚存在之古建構物的生命持
續問題——是否所有未達「國家古蹟」級數的建構物，都可
以（應該）被全盤拆毀，以利新都會的重新規劃發展？變換
個角度思考，則我們可能得到許多另類的保存、延續方法。

　　事實上，在許多已開發國家中都曾有過類似的一連串問
題爭論：有關今日對於古老建構物生命的持續保存，是屬於
一種單純的建築問題？是藝術的問題？是美學的問題？是政
治的問題？是歷史的問題？還是真實的經濟發展問題？古老
建構物的美麗價值與歷史意義，在現代以「功能」為取向的
社會價值體系下，是否已經成為多烘先生？或還是彷如老牛
拉車？這是一個明顯的文化延續發展與經濟整合再造間的差
異地帶。哈沃‧戛頓（Howard Gardner）在其所著「藝術與

人類發展」一書中就曾指出：「美麗和眞實總是讓人樂於將它們劃上等號，但是，藝術又不是眞實的。尤其是對於一些科學家（工程師、經濟學家）而言，它更不是眞實的。」（註二）。戛氏所言似乎不假，美麗的價值——藝術，與經濟的價值——功能，在許多的情況之下，確實是很難讓人在其左右擺盪的兩極間距內劃上等號的。但是，它總存有某種平衡點的可能性在。

舉例說：通常一棟建築物或一項建構物的年代在超過一定的年限以後，其原先設定的當代功能範圍，便會隨著科技文明的演化，以及其週邊人文環境的變遷，甚或是政治歷史的改寫而逐漸萎縮、消失，甚至形成負面作用。而就以某些建材的耐固力而言，其建構物外在的生命本身是可以持續不斷的，尤其是當初經過精心堆砌者。而也確實由於這一層面的因素存在，因此，在世紀末的今天，我們依然可以見到許多所謂年代久遠的「古蹟」遍佈世界各地。

就以台灣社會的歷史變遷而言，明、清兩代遺留至今的建構物可以說已經所剩不多了。其主要原因不外是：昔日台灣乃屬大中國的邊陲地帶，中央政府的文化發展及建設開發皆無由探觸至此。而民間存在的亦只不過是一些有關信仰、祭祠的簡單宗教建築，以及少數有關紀念戰役、事蹟的碑台屋舍。另外並存的，就是更爲少數的私人豪宅大院了。這些早期的建構物在經過了數百年的歷史洗刷之後，至今可謂已經風燭殘年，保存尚全的稀稀可數。目前我們所能見到，並且爲數尚多、結構尚全的，就唯有屬於建構於日據時期前後

223

的所謂「南洋」風格樓房了。

　而現今存在於台灣，並且仍然「有人居住」的這些「南洋」風格樓房，幾乎仍然散落全省各地。尤其是在幾個當初為通商口岸，或貿易中心的富裕都市裡，更是比鄰群踞、連串街頭巷尾。但是，台灣社會在經過了晚近二十年的重大變革與轉型之後，這些風光一時的「洋房」，卻成了今日妨礙新型工商都會發展的絆腳石，它們像極了昔日老奶奶的三寸金蓮一般。因此，「被拆除」，便成了這一大群過氣英雄與嬌客在過去幾年（或未來）共同面臨的終結命運。當然，這其中會有少數幸運的異類者可以倖免（例如總統府）。

　在此，筆者關懷的就是這群未達「國家古蹟」年紀，且又未具異類者身份的絕大多數私人「洋房」的生命持續問題。因為在台灣，文化、藝術界所支持「保存古蹟」的理念，總是與屋舍地主「經濟前瞻」的利益衝突。而政府間立法、執法的行政體系又多年居於典章之外、難以落實執行。

　確實，就以今日台灣社會的經驗橫向發展，再加上縱向的殖民歷史演進因素而言，在這兩道強勁主軸所構建出來的價值體系之下，已經充分體現出了台灣本土後現代的極度複雜景像。但此仍屬自然現象之一，若以西方今日的後現代理論來解構其自身的社會價值體系，則其所獲得的結論亦的確會是極為廣泛多邊的；並且，其間各自的論證觀點也是多角複雜、相互差異，甚且經常彼此衝突、互為抵觸的。同為傑出的「後現代」思想家，傅柯（Michel Foucault）與布希亞（Jean Baudrillard）之間所存在的許多明顯理論差異，便是

其中一例。其就如所謂後現代主義昔日的「去中心」理念，
是否即爲其今日的「複焦點」理念一般？當然，吾人若只從
孤獨的藝術理論去探窺後現代的當代性格，則其所得到的理
論、公式，就難免會依然困守在幾十年前的「唯一」領域
（Douglas Kellner 言）。倘若吾人能在昔日後現代藝術理論
之外，再融和社會理論、政治理論，甚至哲學理論〔如德希
達（Jacques Derrida），羅狄（Richard Rorty）之論〕一併剖
析歸納，則很明顯地，我們不難得知，今日後現代主義理念
正在普示世人的其一簡則便是：留古、再造（不同於復古、
仿制）與當代、獨創（不同於現代、流行）的多樣平行、共
和並存之「複焦點」事實解析（註三）。而這一現象的闡明
也正是當今台灣社會的變遷事實。

　　就在這個變遷的事實之中，「有礙」台灣新都會擴建的
昔日「南洋風格」洋房，其將何去何從呢？於此，筆者嘗試
以澳洲的經驗做說明：

　　現今存在於澳洲的許多古建築，其絕大部份是建於大英
帝國的殖民時期。尤其是在幾個大都會中（如雪梨、墨爾
本、阿德雷德），其宏偉的歐式古建築，更是處處可見，並
且完好如初地展現了全新的新世紀生命力。例如：位於雪黎
市中心的維多利亞女皇大樓，現今已成爲外觀依舊原版、古
典，內部裝置卻是極其現代、舒適的精品百貨觀光大樓。當
然，澳洲歷史在其演變、發展之中，難免也會（曾）面臨一
些古建構物因市街、都會的開發，或是其本身機能的消退，
而必須淘汰或改建的命運問題。但是，令人敬佩的是：澳洲

政府嚴格規定，凡是具有歷史意義，且外觀結構尚全、或是
尚能修復的古建構物（其年代規範甚至只數十年之齡而已，
比起國內「國家古蹟」的年代規定尚年輕一大段），一律不
准全部拆毀。非得必要，亦必須保留其正面外觀牆面。因
此，今日我們看到環繞雪梨市的高架捷運軌道，便是經過了
精心的規劃設計，以穿越的方式，經過了位於雪黎市主要大
道一喬治街，後方的一棟大樓內部，以避免破壞旁邊的古建
築。像這樣對於古建構物的尊敬與重視之細密心思與手法，
在台灣似乎是極為困難產生（至少截至目前為止）。但是，
在澳洲，這卻是保護古建構物案件中，其中的極小一例而
已。

又例如雪梨科技大學（U・T・S）的新建大樓，其原
先亦是一棟古歐式磚砌建築。近年來因內部的結構與機能確
實已經無法裝修至必備的現代功能，因此必須拆除重建。但
是，其令人肯定與折服的是，此大樓的外觀樓面被完整無缺
地保存下來，並且和拆毀重建後的內在新式大樓巧妙地緊密
結合為一體。吾人若只從外觀觀之，則雪黎科技大學的主要
入口大樓乃依舊為一棟古色古香，並兼具殖民時代風格與意
義的古典建築。

諸如此類保留古建構物正面（或正面與側面）結構與外
觀的大樓翻新方式，在澳洲可謂是處處可見。有些甚至只是
一樓或二樓高的古建築，但是在精心維護與設計重建之後，
原本的外觀不但保存如初，甚且還能增蓋至十數層樓之高。
而其所增高的樓面外觀，卻也都能完全配合原先古建築物的

古典外觀與材質感覺，使其極度協調統一，甚至溶爲一體，令人難以辨識古今。以此種方式翻新拓建的大樓，在雪梨的馬汀廣場一帶便是最爲常見。甚至，許多全新建築也以現代的建材，建出與其週遭古建築完全相搭配的「當代古建築」，其對於社區、市街整體景觀的用心、呵護，更是令人感佩。

再者，反觀此地，另一種以現代科技、前衛形象覆蓋、包裝（破壞）於古建構物外觀的裝潢方式，可以說是目前台灣社會裡，絕大部份經營「現代」產品之商店對於其古老店面外觀的主要裝修手法。但是，在澳洲，我們卻很少，甚至幾乎見不到此類掩蓋古意的「現代」店面。在古色古香的舊建築物裡，其依然可以經營最爲先進的時代產物。這也正是後現代主義精神中，對於「十分」溶和、平行共存的主要事實理念之一。雪梨市喬治亞街，位於「市政大樓」地鐵站出口旁的「炸雞店」便是其中又一顯例。

總之，極端的（早）後現代理論，或許鼓吹了造就新的建構、慾望與論述；並且嘗試解離既成制度而提倡了更多元、去中心的多重形式主體。但是，這些都只是在前期爲了掃除他們認爲被現代主義論述與社會制度所過度凸顯出來的非建全人本主義而已。因爲，在這往後的後現代思想，是已經道地的回應了個自社會間的認同與差異；並且，爲當代區域社會提供了其文化變遷與社會轉型所需的新主題、新行爲與新方法的諸多可能性。今日，我們所看到澳洲對於古建構物重新賦予當代生命的觀念與做法，不也正是當代後現代主

227

義思想的自由體現之一？！

二、藝術創作與藝術評論的對位關係

假如藝術家是一粒油麻茱仔的話，那麼藝評家就像是一陣怎麼吹都可能（以）的風。因為：一篇所謂權威但是潛藏著太多主觀意識形態，並且朝向反動效力的藝術評論，極可能會令一件好作品（或藝術家）的創作成就，得到藝術社會間的負面認同。同樣地，一篇所謂權威但是載負著太多自我意識形態，並且朝向某目地性善意導向的藝術評論，也極可能成為替一件平凡的藝術（或藝術家）的造神抬轎者。

但畢竟，幾乎每位創作者，都還是會莫名地去關心到那廂關係著自我創作的藝評。因為每一件藝術批評，都牽連著一件「期待」與「誠實」的單向交易。以前馬諦斯曾經說過（似乎已無法考據）：藝術家都應該割掉自己的舌頭。其言下之意頗有「好好畫你的畫，少說解釋畫的話」的意謂。但是，環顧現今的藝術環境，如果馬諦斯可以再世的話，那麼他恐怕會堅持向上帝多要一根舌頭。因為其中一根舌頭可以向畫作外圍的眼睛作說明，另一根舌頭則需要專門用來與「藝評」過招。而其情況可能就像安迪・沃爾（Andy Warhol）、喬瑟夫・波依斯（Joseph Beuys）、傑弗・孔斯（Jeff Koons）、席拉・李文（Sherrie Levine），以及菲力普・塔夫（Philip Taaffe）……等人一般〈註四〉。

因為，他們都頗在乎藝術作品所挑起的「意謂」問題。所以，他們當然都有一大串的藝術創作理論。這些創作理

論，不但是他們持續自己藝術創作的功力與支撐，更是他們拆解某些對他們作品善意錯解或蓄意偏解的「藝評」的實力與數據。

然而，藝術評論，到底是該如何才堪稱為「藝評」？這或許不只是一般藝術家在納悶的問題而已，這或許也是連某些所謂的藝評家，在想到自己所堆砌出來的藝評文字時，都會不自禁地打一個寒顫的嚴肅問題。因為裡面實在牽扯到太多的專業與良知……等的相關因素。

在今天，有許多藝評之所以會引起創作者心中的苦悶，那是因為不少「藝評」製造了許多諸如下列一般的爭論：作品上面所呈現的色彩、圖像、以及材質、手法重要嗎？精湛的手（技）法表現，配上平凡創意的思想理念，以及拙劣的手（技）法呈現，背後有著傑出的藝術觀念，到底何者為強？何者為弱呢？

229

當某些藝評眼看著一件作品的外在皮貌，而卻強調了作品內部理念的至上時，許多人便會質疑：那為什麼該藝術家不以文字（成為文學家）來述說其理論即可？又當某些評論斷定：作品的良好外在，即主宰著一切的內在思想時，則人們又會反問：那又何以要藝評？藝論？

也因此，會讓創作者感到無言吶喊的苦痛情境，以及會讓一般外在觀者只能體會到大象一條腿的「藝評」文字，便是那些偏廢一方、避開評論者自我弱勢所在（未能針對作品評論重點）的「定點式刻意強調」評論。也當然，「藝評」對於作品外在與理念的評論，也絕不能只從創作者那兒搬來

一堆其原有的觀點論述而加以換字接枝即成「藝評」。南方朔先生曾云：「……藝術評論不能只是概念辭彙的抄襲和修辭的堆砌……」〈註五〉。

「藝評透過發表，對於整體美術發展及生態環境產生積極的創造性功能，並有效激發、整合社會大衆及整個美術生態對於藝評的正視和推動。」〈註六〉這是藝評的正面積極性，也是包含創作者在內的所有大衆所期待追尋的。因為「當藝術家不斷地創作出新的作品（時），一篇深入的藝評，不僅即時補充蘊涵在圖像背後的人文思想及屬於台灣當代的美學觀點，且也能使藝術家從中獲得他人對自己作品作出比較嚴謹的討論和相互思辯的機會」〈註七〉。不過，當藝術家或觀者所期待出現的藝評文字，並非是藝評家透過可理解的文字，來為藝術家詮釋（不是文字抄襲）、模擬（不是瞎猜）或預測（不是無法驗證的斷言）其作品（統包外在形體與內在理念）的生命與力量時；而反卻是一篇隱藏著某些下意識或潛意識反動效力的企圖性評論時，則此一披負著有如「廉政委員會」精神外衣的藝術評論，即很難執行「藝評」的天賦任務。

當然，人們或許也會同意：「藝術批評永遠與某一種價值、某一個時代的流行理念有密切的關係，也因而絕無所謂中性的詮釋或客觀的批評這一回事。」〈註八〉。這是一種常態下的自然現象。但是，當某種正面效力的藝評，可以以物類利益或人類情誼來轉換取得時；或是某些反動藝評的誕生，只是因為兩造間的利益衝突或是意識形態對立所致時，

則此「藝評」本身，又能成為何物呢？換言之，當「人情事
故」戰勝「藝術本質」時，則所有美麗而又引經據點的詞藻
語彙，便可能雍容華貴地步上藝評的權威舞台。同樣地，那
看似忠厚老實而又嚴謹道貌的「客觀」批評，也會有如雞毛
令箭般地從背後襲擊而來。這樣的現象，恐怕是所有身為藝
術創作者最為不願見到的情事。

　　之前筆者假設，倘若馬諦斯再世的話，他極可能會向上
帝多要一根舌頭以方便用來和「藝評」對拆過招。在此，有
另一個假設：假設上帝不能給馬諦斯多一根舌頭的話，那他
可能要重新主張：「藝評家」也都應該割掉自己的舌頭。因
為他會在許多環境下，到處撞到「不怎麼能評」，卻又喜歡
對其作品以及理念擅作曲解、甚或穿鑿附會的所謂「藝
評」。

　　其實，嚴肅地說，就藝術創作專業的層面而言，當一位
藝評家，其對於該當代社會文化以及相關精神的背景認知，
如果與藝術家本人的理解落差出現間隙的話，則其將何以評
論該藝術創作的社會屬性？如果一位藝術評論者對於藝術品
本身的創作完成過程支節（如材質表現與手法技術……等），
未曾接觸了解的話，又如何下論其作品的藝術屬性？又如果
一位藝評家對於該件有形藝術品背後的無形「意指」的理
解，無法貼近於該藝術家本身的體悟時，其所評述之文字又
何以論斷該藝術理論的個人屬性？

　　因此，當可視的評論文字之立論基礎，是植基在以猜測
（無知、未看、或不查）為思考模式的進行方法上時，則其主

231

觀下論的「藝評」便註定是一篇曲導一般讀者感知、也侮辱
創作者苦心的無意義文字。

　　彼得・赫利（Peter Halley b.1953）有一段被收錄在「從
評論到共犯關係」的文字中如此寫道：「對我而言，似乎在
每一件個別的藝術作品中，都存在著兩種相離的辯證操作模
式……，我懷疑，是如何的意識情境促使藝術家為觀者創造
了一件藝術品？而事實上，那藝術品裡面應是充滿著非常
多、非常分散的各種意識成份」〈註九〉。一篇單獨藝評，
欲掌握一位藝術家或一件作品，確屬不易！

　　是故，當一位藝評者以鎗手的身份，在尚未或無法細查
明解一位藝術家作品的外在及內在之各種「意識情境」和
「意識成份」的狀況下，即朝著處於活靶位階的藝術家射擊
時，則藝術家是否也該為正視自身的藝術創作，而進入評論
「藝評」的二度創作？因為，藝評與藝術創作之間，並不存
有天賦的高低身份位階關係。藝術創作並不是永遠處於解剖
台上的被動一方，藝術創作更應該不是永遠處於受「藝評」
「自由」褒貶的一方。

　　另外，在許多藝術社會的結構下，當藝評與藝術創作的
關係，形成了有如憲兵與一般兵的天賦職別關係時，則一等
兵位階的憲兵，即管轄了二等兵、上等兵、甚或士官以上的
官階者。因此，約束、管轄、督導、甚或裁判憲兵（藝評）
的行事與思想之事，恐怕又是一件值得重視的當代新課題。

二、藝術評論的可能行徑與出口

232

　　中華民國八十六年七月三十一日／星期四，中國時報
第三版，頭條焦點新聞的主標題提如此寫到：「唾棄自肥
案，小市民痛罵」。下面的副標題是：「讀者火大，不願拿
血汗錢養耍嘴皮子的民代；公務員抗議，質疑為何做滿兩年
就可以領錢；社團感慨，斤斤計較社福預算卻對自己大
方」。頭條新聞下的另一條新聞標題是：「北市府：議員原
本要的還不只是這些。陳水扁避談，官員無奈表示『誰來制
衡議會』。

　　以民主的社會體制而言，議會（員）是監督、審查、裁
定與人民有關之一切公眾利益諸事。因為議員是由人民所選
出的權威代言人，所以他們當之以崇高的威權，發揮其對行
政單位制衡的公正職責任務。然而，假設此一所謂具有約化
俗成的權威人士的言行偏離了航道之時，則又有誰能夠立即
適切地制衡他們的行事、決策呢？因為，很明顯地，在台灣
的選民是無法即時在瞬間有效地罷免代議者的。是故，台灣
的代議者在勝選之後，彷彿就是成了無人能加以制衡的至尊
無上者。以同樣的邏輯現象，回觀到台灣的藝評制度而論，
其似乎在大多數的藝術「競賽」或「選拔」的評審之後，在
「樂者無事，不服者亦能如何？」的慣性現象持續下，貴為
藝術評審者們，總是像議員般地成了約定俗成的至高無上權
威者——服人者，人敬之；不能服人者，亦風光明媚威權自
在。而事後留下的，往往就是成群有口難言，內心激盪不平
的藝壇小兵。而這樣的事實現象，似乎早已行之有年。當
然，若要究其原因，「主其事單位對於評審人員的選定、以

233

及對於評審原則的要求」恐怕才是其中一大主因。

庶几，放諸先進各國藝壇，不論是「競賽」、「選拔」的評審，或是藝界展覽的一般藝評論述，其評審的內涵與機制，都應該有必須遵守的絕對職業道德與公正原則。並且，其在評論、審議藝術作品之時，所採行的學理根據與現實狀況，皆是能溶合一定的藝術理論與當代條件。

在西方社會，不論是針對現代主義或是後現化主義，早已經有了一種有關於圍繞在「當代的評論文字是比較容易被了解」的通俗認知的爭論存在。而此一爭論點的真正利害關係所在，事實上就是有如尤默（Gregory L.Ulmer）在其所寫「The Object of Post-Criticism」的論文中，所曾指出的：是在於「表現」之乙事上——特別是在評論文字裡對於「對象物」的「表現」問題上〈註十〉。而在今天，承如藝界所知，「評論早已經是如文學寫作和藝術創作一般，被本（廿）世紀最初的幾十年所風行的前衛運動所轉型了〈註十一〉。

就藝術評論的國度裡言，在過去，有一種同時與「極限主義之事」和「掌握現實主義之價值」產生了絕裂關係、並且對於現代主義藝術造成了革命性的強悍「東西」出現，而於現今，此一強勢認同的藝術理念，又已經被搬到當代的解剖台上來，面對人們的重新檢視了，而它的主要下場也當然是：評論文字與其批評對象物之間的「關係」被徹底改變了〈註十二〉。而對於此一轉變，人們或許可以從海頓·懷特（Haydain White）所發出的一些牢騷中，窺探到幾許理性

的真象：「通常文史論學家們主張「歷史」乃是科學與藝術
的一體兩面之結合物時，文史論學家們即是以爲此一結合物
就是十九世紀後期的科學與十九世紀中期的藝術所合併的
〈註十三〉。而事實上，海頓・懷特真正堅信的是：文藝史
評者，應該運用「當代」的科學性與藝術性之行爲方式與洞
察力，來建椿他們自己的立論基礎；並且，應該隨時追求一
種用印象性、表現性、真實性，甚或是實際自我身體力行的
行動方式的「表現」可能性，來編評那些看似清晰無晦，但
實際上卻又是暗地裡遮遮掩掩了一些應該被明白沉思的事證
之評論資料的終極意義〈註十四〉。

　　就依循海頓・懷特的見解發展，尤默（Gregory L.
Uiwer）亦有另一種看法。尤默認爲：不論是從現代主義者的
「後評論」或是從後結構主義者的「後評論」而言，很明顯
地，它們的立論基礎，都是建值在「現代主義者藝術針對擅
於批評的表現藝術之謀略」「是否得宜」的這一端點上〈註
十五〉。換言之，後現代主義中的「後評論」，是必須掌握
所有可能針鋒相對的理論見解，以及善加應用多元經驗的洞
悉認知，然後才足以拆解藝術創作，並而得出「適切表現」
的評論文本。

　　事實上，對於藝評文本（字）與其所指涉之藝術品對象
物的關係而言，在過去，許多學者咸認應該具有讓讀者想像
的空間存在。亦即，藝評文字（藝術評審）可以指涉一些高
幻飄渺的複雜語意，而這些語意的真實性與適當性的責任歸
屬，便是落在觀者的自我解釋之上。而如此，則藝術評審者

的工作，就成爲了自我與評論對象物之間的無原則自由關係。聰明的藝評審論者，會提出一套在表象上指涉崇深、修詞精美，而在實質上，自我的藝評見識與責任，卻能躲在雲高風清中、不沾關係指涉。而只有笨拙或是忠厚老實的評論者，才會眞指對象物的優劣所在、而毫無兩面之詞，並且，也不知、不懼「反藝評」的無情考驗。

承然，在當今的「後現代」「後評論」中，藝評的內容指涉重心之鎖定所在，確不應該再只是以「藝術主題」←→「藝術作品」的傳統簡易模式，來作空泛而又高深的論述，而是應該溶入以「藝術主題」←→「敘述屬性」的多邊可能性，來作爲深刻與實質上的物證經驗論述。而其實，這也正是藝術創作者與藝術評論者，所日日共同面臨的一種「藝術語言」的「表現」問題〈註十六〉。因爲，在評論上的任何「意謂」（meaning）指涉，皆不能只是提供讀者一種「幻像」（simulacrum）的虛解而已。它必須是鏗然有聲的實質（solid）指證。

就以上從政治面的北市「自肥方案」到文藝面的簡易「藝評學理」認知上，再回歸省思到今日台灣藝壇中，一項較爲現實的藝術「競賽」與藝術「選拔」的情事上來試論，則以下的方案，或許可以在某些狀況下，填補某種面向上的不足：

其一：在某些有關「競賽」或「選拔」的行爲成立之時，主辦單位似可應事前公告該次案件的評審委員名單。因爲就世俗或現實的角度而言，假如有心參與者，在事前就可

以知悉評審者名單的話，那藝術家就可以先行自我衡量一
番，看是否自我坦能認同那些即將身爲評審者的專業能力與
公允權威。能者、參與之，並接受莊嚴的檢視評審而毫無異
議；不服者，則棄之，以避免自我虔誠地辛勞創作，卻反成
了是一種去討取「羞辱」的作品，並且又事後抱怨不絕。

　　當然，此類出現創作者對於評審員無法認同的關節所
在，有可能是在「各有專攻」「各有見解」上的無法認同，
亦有可能是在作者自知評審員的意識形態與其不合的無法認
同上，甚或是牽絆到一些私人的恩怨情仇而無法認同。但是
無論以上何者爲送審者無法接受評審者的重點理由，任何一
位藝術創作者，其皆有個人天賦充足的權利與自由，可以不
接受其所無法認同者強加而來的評審。

　　庶几，在任何「競賽」、「選拔」的參賽之前，公開告
知評審委員名單的做法，似是才能以莊嚴學術的客觀精神，
來避免以往世俗偏頗、難以服人之「強勢」評審。

　　其二：評審人在評審過程中，不論其藝術修爲如何地專
業與成就，絕對不適只以一己之主觀意識的偏好傾向，而截
然斷奪被審作品的「好」與「壞」。每一位評審員必須極盡
可能的「多觀」與「無私」地，以中立意識形態的觀點與心
境，去檢視受審之作品。並且，每一評審員在評審之後，對
於其所做之決定，應即時提出完整且公開的評審見解報告
（非只是避重就輕的空泛敘述）。

　　換言之，評審委員們似乎不能主動或被要求只以幾小時
的「在場時間」，就以交相討論而爲成事，或是以自身的強

237

勢一己所好，就定奪出可以閃避負責任的票選表決。每一評
審員應將何以自己支持肯定哪些作品的優越性之充足理由，
以及哪些具有評審爭議的作品何以未能勝出的眞實緣委，皆
由自我心中的意念及見解，轉換成文字的明白表述（表
現），然後公諸於大眾，以示其評審的能力操守與負責盡
責。（當然，如果評審者不慣以文字寫作表達，則可以以口
述方式，請人代爲筆記，其亦無不妥）。

　　評審（論），是一種專業能力與責任良知的神聖付出，
一位眞正具有藝評實力的評審人，其對於呈示出自己白紙黑
字的評審見解報告，以接受藝壇各界的公開檢視之做法，是
會絕對坦然而有自信的贊同與接受並執行之的。而這也就像
是爲一件忠懇的藝術作品，開出一道客觀合理且是其理所應
得的光明出口一般。反之，倘若受邀爲評審者，其對於自己
的評審能力及主觀見解之受大眾檢視的現實模式，沒有充足
的心理準備或把握，則其就不適合佔居在神聖「評審團」的
幕簾之後，執行一種只是開口、舉手的威權情事。

　　藝術評審（論）者的角色與功能，在今日台灣眞實社會
中、就恰似議員的代議權威，行正者，可以綜面向地提升台
灣當代的藝術創作；不行正者，則彷如「自肥方案」的夕陽
當日出。關愛台灣當代藝術發展之民，與手握藝術行政公權
之人，其心意、行爲的執行「表現」，確是不可不愼！

三、當代藝術的文化情感與社會屬性

　　追求自我獨特風格的個性表現，可以說是「現代主義」

藝術家的共同動力之一。但是，在急速跨入了「後現代」的
八○年代以後，這種非要造出表象與衆不同的「唯一」言
論，便逐漸地消聲暱跡了。當然，其間羅蘭巴特雖曾主張風
格是藝術家自己身體的一部份，其精要之處就有如自己的指
紋一樣，現代主義者喪失了自己的表象風格，就等於喪失了
自我的生命一般。但是，後現代主義者則認爲，任何企圖使
用「唯一」「最好」的「正途」來改變世界的想法，都是一
種純粹烏托邦式的思考幻想。因爲在後現代主義之中，並沒
有什麼特別「英雄」或「大師」的內容存在。而這種概念，
即是和客觀世界及主體物所產生的變化相聯繫的。這也是因
爲：客觀世界本身，就已經是一系列的文本作品和類像。所
以，「與衆不同」的主體，就會成了徹底解體的飄零物了。

　　當代藝術家對於自我的創作，是抱持著以上如此這般的
性格。那麼，同樣身爲藝術工作者的展覽策劃者或藝術行政
者的展演企劃行爲之操作的標準，又該是如何呢？

　　當然，在今日後現代的社群當中，羅蘭巴特的理想，對
於藝術展覽的策劃者而言，同樣猶如是一幕仙履奇緣的故
事。因爲：即使是對展覽策劃者們而言，也同樣不再可能存
有所謂傳統的「英雄」或「大師」，有的只是：展覽策劃的
深度，是否及於該項展覽自身的原始訴求——社會屬性而
已。

　　再者，我們知道，從十九世紀以降，在西方社會（尤其
是德國），歷史學派（Historical School）或新康德學派（Neo-
kantian School）的學者們，已經提出了對事物的存在之確定

239

性，是應該植基在能否建立其「具有價值」或「主觀意義介入」的客觀社會科學之中。而廿世紀末、二十一世紀初的今日藝術展覽 (arts exhibition) 之價值存在的介面，則又是恰巧與其上述的存在概念不謀而合。這是因爲：當「藝術品」一旦離開了創作者的工作室，而進入了與社群中的一般觀者相接觸時 (尤其是集體出現，譬如聯展)，則其作品所扮演的角色，即由「藝術家的產物」馬上躍升爲是對第三者的「價值介入者」。因此，當人們面對當代藝術作品時，那值得探究的問題，應該不再是展出作品與作者的「好」與「壞」、或是展覽形式的「對」與「錯」。它讓人們更爲關心的應該是：作品本身的「社會屬性」與「當代文化」訴求間的價值吻合性問題——它存在著多少拉鋸於藝術家與市民間的普遍性「價值判斷」問題？

承然，我們過去對於展覽作品或展覽藝評的「價值判斷」，有一大部份的人們會是植基於「作品個體」內容的「好」與「壞」。換言之，那自信的「價值判斷」，全權地主導了一切的功、過與是、非。然而，在西方社會裡，辛雷契‧烈郭特 (Heinrich Ricket) 就曾視「價值判斷」爲一種純粹個人的主觀價值取向，它並沒有「普遍意義」的存在。而其也確實，藝術批評，尤其是當代藝術創作，更應該符合烈氏在「價值」上的另一項闡述——「價值相關性」。反之，「當代藝術」的意義就無法成立。而這乃是因爲「價值相關性」，其所指涉的就是創作者或是藝評者個人所屬社群的價值系統，它是較能爲全體人們所普遍接受，並且較具有「普

遍意義」的。

　　否則，一種存在於絕大多數觀者與藝術作品之間的互動
溝通與認同之發展，就會有如畢卡索的名作與路邊「外銷
畫」一起被冰封在廢棄倉庫中，而無法與觀者自由對話的狀
況一般──作品對於觀者的當代價值永遠處於歸零狀態。是
故，作者成品與觀者心靈之間的互動關係，即可被視爲是一
種所謂的「解放歷程」(liberation process)。而就在這個歷程
當中，創作者與觀者之間各自(或彼此)「自我轉化」(self-
transformation)的意識覺醒，才更應該是藝術價值本身中，
我們所期待的「社會屬性」與「當代文化」價值的交集重
點。

　　也因此，人們對於深具公衆機能的藝術評論的檢視工
作，就更應該可以再參照或借助於有如馬克斯·韋伯(Max
Weber)所採用烈郭特的 「價值相關性」 原則(principle of
value relevance)，來思考那些比主體作品本身更爲重要的課
題〈註十七〉。例如某些「非類主流」作品的外在風格，與
其背後的原始文化孕思，即簡單明瞭地闡述了部份值得肯定
的「普遍意義」現象。在今日到處充滿著主流對立意識形態
的台灣文藝狂流裡，這種「非類主流」作家與作品的普遍意
義之存在，才應是台灣當代藝術永不枯竭的前進動力源頭；
而不是應只有那些被輿論視爲 「被」 刻意栽培、具有 「商
品價值」的參賽(展)型模範作品而已。

　　人們知道，搖撼傳統霸權式身份觀的利器，主要是產自
於「解構主義」式的身份觀；而「排他」與「自閉」的社群

意識，則是更貼近於所謂的「新本質論」。前者認為身份是社會化的結果，並無本質；而後者則視身份乃是由血統所決定的，天生自然。而今天姑且不論這兩者在台灣當代社會中所佔的角色熟重熟輕，人們可以發現島內當代「身份」的認同，確實是該由我們自己的「文化情感」與「現實策略」所共同融合而成。因為，在台灣的文化情感中，我們存有著一種無以名狀，妨若天生硬頸的島國情愫；而在現實策略方面，我們又似乎壓低了某些自我本質的因素，而去強調了以「地位」為依歸的英雄主義。台灣當代藝術的成形意圖，便是架構在這兩種相互牽扯的辯證發展上。而其中，尚有未臻合理之處如：台灣原住民的當代藝術創作，其雖然已經部分「擠身」進入了所謂「純藝術」（相對於民俗、工藝）的「文明」藝術執政者的舞台之內，然而，他的「身份」價值之認同比例，卻仍然是被我們今日的社會所偏低地「處置」。而這也就是班蝶克・安德森（Benedict Anderson）所謂的「想像社群」的潛在問題〈註十八〉——我們這「非原住民」的一群，以訴諸情感的「本質論」，去凸顯了自我台灣身份認同的社會化根源矛盾。這是一個值得擅長於將社會人文轉置為藝術創作的文藝工作者們，所必需深思熟慮的另一項重要課題。畢竟，面對全新的世紀，台灣近年間的社會現象、文化轉換，以及當代價值的語言和概念，已經不可能再次走回頭路了。

附註

註一：參閱 "文化‧宜蘭‧游錫堃"，遠流，1998，p.154-156.

註二：〝The Arts and Human Development〞，Howard Gardner，Basic-
　　　Books，N. Y.，1994，p.347.

註三：參閱〝Postmodren Theory：Critical Interrogations〞，Steren Best
　　　& Douglas
Kellnes，Guilford Press，1991.

註四：Art in Theory 1900-1990, Charles Harrison & Paul Wood (ed.),
　　　Blackwell, UK, 1993.

註五：藝術家，第二六二期，頁三八五。

註六：藝術家，第二六二期，頁三八二。

註七：藝術家，第二六二期，頁三九〇。

註八：藝術家，第二六二期，頁三八九。

註九：Charles Harrison & Paul Wood (ed.), p.1082.

註十：Gregory L. Ulmer, The Object of Post-Critcism in Hal Foster(ed),
　　　Postmodern Culture, Pluto Press, US, 1990, p.83.

註十一：同註十。

註十二：同註十。

註十三：Hayden White, Tropics of Discourse, John Hopkins, Baltimore,
　　　　1978, pp. 42,43,45,47.

註十四：Hayden White, pp.42,47,48.

註十五：同註七。

註十六：Gregory L. Ulmer, P.86.

註十七：Heinrich Rickert, The Limits of Concept Formation in Natural
　　　　Science：A Logical Introduction to the Historical Science, ed &
　　　　trans. Guy Oakes, Cambridge U. Press, 1986, pp.89,90.

註十八：參閱 Benedict Anderson, Imagined Communities, London, Verso,
　　　　1983.

244

小結

　　「澳大利亞的原住民藝術是藝術上最後的偉大傳統，並且是當今理應受到整個世界的讚賞」〈註一〉。威利・卡魯邪（Wally Caruana）在其所著「原住民藝術」一書裡的開頭便如是說道。其理由不難了解。因爲「藝術」一辭的涵意，對進化最爲緩慢的澳州原住民來說，其並非是藝術，而是生活—— 一種實實在在的日常現實反應。然而，在我們所謂高度進化的這端，且不論是「藝術爲藝術而藝術」（現代主義），或是「一切解禁」，當步入新世紀的今日，藝術已儼然成爲現代人的一項有機附屬物；只是，它總跟隨著另一個疑惑——此種有機附屬物的「附屬價值」何在？因此，我們無妨說：現今的藝術內涵，其實也就是一種由價值觀取向而定的產物。它具有正面的涵意，也當然可能有負面的解釋。何者爲正？何者爲負？就全賴創作者與觀者之間彼此如何地進行「溝通」。

　　而「價值觀」的語意認同，在現今的台灣社會裡，其層級鎖定，究竟標高何在？人與人的溝通、人與文化的溝通，以及人與名、利的溝通，其三角間的平衡系數，又定點何處？現代台灣人的價值取向模式仍是一種簡易的「從A投射到B，而反映B或A」的單純價值溝通？或亦只是「不斷討

價還價，彼此追逐、互換其在表徵、現實和文化人三者間互
動的意念；而致使他人（或自己）無法理解」〈註二〉的當
代物質主義？

　　假如以上的設定與疑問，就是現今多數台灣人在透過藝
術而觀看台灣、或是經由台灣而思考藝術之後的解答，那麼
藝術的功能似乎已正告訴著我們：藝術從生活裡來、生活需
要價值溝通。

　　在近代台灣，關於「本土」的文化運動或意識覺醒，人
們曾經多次積極討論過。日據時期台灣文藝界的一些發展活
動，或許可以說是較為顯性的第一次。一九七一年，在台灣
執政的蔣介石政權在「漢賊不兩立」的崇高原則下「毅然」
地退出了聯合國，之後，即營造出了「莊敬自強」、「處變
不驚」、「風雨生信心」的台灣鄉土小調，這也許是其中更
進一步明顯的「本土」運動。及至晚近的這幾年間，在一九
八七年解嚴以後，一波波的「台灣意識」更加地從檯下翻滾
至檯上，「本土化」的口號，再一次地席捲了台灣的每一個
角落。

　　在最晚近亟欲成型的「超越後現代」（Beyond Post-Mod-
ern）的論述中，就有一種新式的精神認知出現。那便是還原
自然、回溯原始、拒絕「高」文明的物化教育。換言之，
「在地」的原始物種（文化或文明）便是維護人們康泰而穩
健的長遠生存依據。而這樣的概念提出，即酷似於二十世紀
末期以來，許多地區民族一直在追求的所謂「本土」文化傾
向。

　　而事實上，人們之所以會持續性地追求「本土」，則更是因為：兩次世界大戰之後，許多戰敗國或弱勢國家即想盡辦法，欲急起直追戰勝國的各類物種文明。從農作物的品種改良到高科技的國防或民生工業，無一不是成為戰敗國的學習追求對象。但是，在經歷了很長一段時期的自我體質改變後，許多民族才赫然發現，原來他們已經將近喪失了自我的文化色彩；整個社會國家的價值判斷依據，幾乎都已經被西方幾個強權國家的價值體系所無形地綁架操控了。

　　所以說，在表面上，雖然「西方」的文明科技幫助了許多戰敗國家得以順利地重新建構家園，但是，在民族生存的實質文化精神面上來看，則這卻又是一種另類形式與內容的戰敗——自我民族的生存尊嚴與價值標準無知地掌控在別人的定義裡面。因此，從大戰以後一度興盛無比、追求唯一真理的「現代主義」，到了複合文化、彼此共生的「後現代」之後，現今，所謂「超越後現代」的精神論述又彷彿以「後現代修正主義」的身影出現了，而它，似乎又成為了另一波值得探討的世界性文化性徵之一。

　　然而，所謂「超越後現代」裡面的一些問題爭論，儼然就是另一項「本土」的問題研究。不過，論述至此，筆者則認為將「本土」轉名為「原鄉」，或許可以更為貼切地表述其當今「後現代」的現實意義。因為「原鄉文化」是比「本土文化」更為客觀而多方的；她可以上至「在地」的「原住民文化」，也可以下至外來主義變種後的「世界文化」。易言之，「原鄉文化」可被視為是較具人性與包容、善解與尊

重的「新自然主義」——她可以從許多「原住民」的生存問題重新受到關懷與尊重的世界性傾向中得到說明或啓示。

然而,比較遺憾的是:當傾向「新自然主義」的原鄉文化在地球村中普遍受到尊重與維護的此時,在寶島上的我們,是如何地對待我們祖先(非原住民)的朋友(原住民)呢?存在於台灣島上的原住民生活或遺跡,有多少仍然是伴隨著尊嚴而健在的呢?

假使有人走一趟台灣的所謂山地名勝之旅,我想絕大多數存有文化良知與人文關懷之心的人皆會發現:許多原住民的朋友們都已「無知」、「被迫」、「自願」或「不得已」地成了有如馬戲團裡的某種乖巧動物一般——表演著馴獸師所指示的一貫動作。而他們之所以要(會)這樣做,當然,昔日官方的理由會是:爲了保存或展示原住民的文化好讓一般平地的人們了解、認識。但是,這樣的行爲模式,在筆者個人看來,則是一項相當嚴重的誤導、甚或是極爲不尊重且反人性自然的反面教育。因爲我們知道,現今台灣原住民的生活已絕大部份被平地的文明侵犯而改變了,在風景區或文化園區裡所表演的原住民生活景像,早已非他們眞實的生活內容。而相對的,那些極少數仍然在深山部落生活的原住民,卻不僅未受到各層政府該有的尊重與保護、反而是一日日地受到某些官方與財團結合的侵害與利誘。

在此就以屏東縣瑪家鄉舊筏灣原住民部落的今日現實來說,那是一個極爲可貴但又可悲的失落古文明國度。在舊筏灣的排灣族,因爲抵擋不住山下文明的威脅與誘惑,終於在

248

十數年前搬離了自己祖先世代居住的石板屋家園，而散居於
各地山腰或平地間。也因此之故，其世代居住的石板屋便日
復一日地傾斜崩圮，而至今只剩下一、兩位執著的排灣族原
住民尚居住其中。部份石板屋的依舊保存（雖然因長期無人
居住而無炊煙薰染，木質屋樑部份多已遭到蟲蛀而傾倒）尚
是可喜之處。但於可悲之處則是：原本被原住民視為交通不
便、經常山崩，由舊筏灣部落通往山下的唯一山間小道，卻
被大肆整修拓寬。道路的拓寬維修本是應該而正確的。但
是，當初排灣族因「交通不便」而遷離下山的這條小路，在
約五年前開始的拓寬工程，並不是為了好讓他們方便重新遷
回到部落生活，而是據當地原住民所言，昔日官方為了與財
團在舊石板屋群的舊址上重新開發，使之成為渡假別墅之類
的觀光據點、以及為了開發附近的另一處美麗的瀑布，所以
才大力整修該條道路〈註三〉。假如這一切的工程與企圖是
真如當地人所言，那麼，我們的原鄉文化在數十年之後，將
會剩下的是什麼呢？

　　台灣原住民的文化是台灣原鄉文化中不可缺席的一處重
鎮。而維護原住民文化的最好方式之一，並不是用現實的金
錢雇用他們在山下的文化園區裡唱些他們不願唱的歌、跳些
沒有情感的舞、甚或是刻些沒有實質生活意義而只有形式圖
案的商業性木雕紀念品。如果台灣的「當代」文化永遠都只
是以「科技」的文明與「經濟」起飛為生活導向目標，那
麼，我們的「原鄉文化」將會很快地消失殆盡。這將是子孫
的不幸、也是我們的罪過！

今日，當我們在高談所謂「國際」藝術的雄威、或是闊論「本土」文化的偉大之時，人們總是習慣性地以西方的標準來衡定自我的價值。也因此，我們不斷地以他人的主流來包裝自己的「主流」、我們不斷地以他人的定義來成就自身的「權威」。我們之中似乎有許多人忘了：台灣的藝術價值，是存在於台灣的生活當中；台灣的自我藝術成就，是不能以西方的藝術法則或主義去評定的；所謂的國際「主流」藝術，其根本只是西方的「本土」文化而已。為什麼我們一定要去崇拜或同意西方藝術的所謂「主流」？或迷戀、崇拜「嘩眾取寵之事，依舊為當今藝術價值系統中的魔鬼元素」〈註四〉而操作之，以至於否定了真正在台灣民間喘息的原鄉人文？我們原住民生活中那份樸素之美與原始真情，是否也已逐日銹蝕毀壞？而我們是否也都忘了：所謂「主流」，永遠是別人的，不值攀求！島嶼真情，值得歌頌！台灣藝術，應被讚賞！

附註

註一：Wally Caruana,「Aboriginal Art」, Thames & Hudson, London, 1993, p.7 .

註二：John Fiske,「Key Concepts in Communication and Cultural Studies」, Routledge, London, 1994, p.50.

註三：據筆者於 1996 年實地至瑪家鄉研究並與當地原住民詳談所知。

註四：Matei Calinescu,「Five Faces of Modernity」, Duke, Durham, 1993, p.259.

參考書目

*Adorno, Theodor. *The Actuality of Philosophy.* Telos, No. 31.

*Ardagh, John, *France in the 1980s.* Penguin, New York, 1982.

*Barraclough, Geoffrey, *An Introduction to Contemporary History.*Peuguin, Baltimore, 1964.

*Bertens, Hans. *The Idea of the Postmodern—a History.* Routledge,London, 1995.

*Best, Steven & Kellner, Douglas (ed.). *Postmodern Theory: Critical Interrogation.* Guilford, US, 1991.

*Caruana, Wally. *Aboriginal Art.* Thames & Hudson, London, 1993.

*Calinescu, Matei. *Five Faces of Modernity.* Duke, Durham, 1993.

*Deleuze, Gilles. & Guattari, Felix. *Anti-Oedipus.* U of Minnesota Press, 1983.

*Descombes, Vincent. *Modern French Philosophy.* Cambridge U., UK,1980.

*Dissanayake, Ellen. *What Is Art For?.* U of Washington Press, US.,1991.

*Docker, John. *Postmodernism and Popular Culture—A Cultural*

History. Cambridge U., UK, Australia, 1994.

*Elders, Fons (ed.). *Reflexive Water: The Basic Concerns of Mankind,* Souvenir Press, London, 1974.

*Featherstone, Mike. *Consumer Culture & Postmodernism.* SAGE, London,1993.

*Fiske, John. *Key Concepts in Communication and Cultural Studies,*Routledge, London, 1994.

*Foster, Hal (ed.). *Postmodern Culture.* London, 1990.

*Foucault, Michel. *Foucault Live.* Semiotext (e), New York, 1989.

*Foucault, Michel. *The Order of Things.* Vintage Books, New York,1973.

*Foucault, Michel. *The Archaeology of Knowledge.* Pantheon Books, New York, 1972.

*Foucault, Michel. *Power/Knowledge.* Pantheon Books, New York,1980.

*Foucault, Michel. *The History of Sexuality.* Vintage Books, New York, 1980.

*Frank, Manfred. *What is Neo-Structuralism?.* U of Minnesota, US,1989.

*Freud, Sigmund. *Group Psychology and the Analysis of the Ego.* Londong, The Hogarth Dress, 1948.

*Gardner, Howard. *The Arts and Human Development.* Basic-Books, New York, 1994.

*Harrison, Charles & Wood, Paul (ed.). *Art in Theory 1900-1990.* Blackwell, UK, 1993.

*Hartley, Jonh. Saunders, Danny. Montgomery, Martin. Fiske, John (ed.).*Key Concepts in Communication and Cultural Studies.* Routledge,London, 1994.

*Hassan, Ihab. *The Postmodern Turn—Essays in Postmodern Theory and Culture.* Ohio U., US, 1987.

*Hauser, Arnold. *The Society of Art.* translated from the German by Kennerh J. Northcott, Routledge & Kegan Paul, London, 1981.

*Higgins, Dick. *A Dialectic of Centuries.* Printed Edition, New York,1978.

*Hughes, Robert. *The Shock of the New.* Thames & Hudson, London,1992.

*Husserl, Edmund. *Ideas Pertaining to a Pure Phenomenology and to a phenomenological Philosophy.* First Book, 1982.

*Jameson, Fredric. "Postmodernism: or the Cultural Logic of Late Capitalism." *New Left Review*, 146, US, [1984]: 53-93.

*Jameson, Fredric. "The Deconsturction of Expression." *New Left Review*, 146, July/August, [1984]: 53-92.

*Jacques, Derrida. *Writing and Difference.* Transland, with an Introduction and Additional Notes, by Alan Bass, U. of Chicago, US. 1978.

*Kuspit, Donald. *The New Subjectivism—Art in the 1980s.* DA CAPO,New York, 1993.

*Lukacs, Georg. *History and Class Consciousness.* MIT, Cambridge.1971.

*Nietzsche, Friedrich. *The Will to Power.* Random House, New York,1967.

*O'sullivan, T. Hartley, J. Saunders, D. Montgomery, M. Fiske, J. s(ed.).*Key Concepts in Communication and Cultural Studies.* Routledge,London, 1994.

*Oakes, Guy (ed.). *The Limits of Concept Fromation in Natural Science: A Logical Introduction to the Historical Science.* Cambridge U. Press,1986.

*Somervell, D. C. (ed.). *A Study of History.* Oxford U. Press, New York, 1947.

*Sturrock, J(ed.). *Structuralism and Since.* Opus, Oxford, 1979.

*Welsch, Wolfgang. *Unsere Postmodern Modern.* VCH, Weinheim, 1988.

*White, Hayden. *Tropics of Discourse.* John Hopkins, Baltimore, 1978.

*Wilson, Frank Avary. *Art as Revelation—the Role of Art in Human Existence*, Centaru Press, Fontwell, Suxxex, 1981.

*Williams, Raymond. *Cult ure & Society 1780-1950.* Penguin Books,Harmondsworth, 1963，中譯本，彭淮棟，聯經，1989。